U0897107

GAIBIAN LISHI JINCHENG DE BAIWEI JUREN

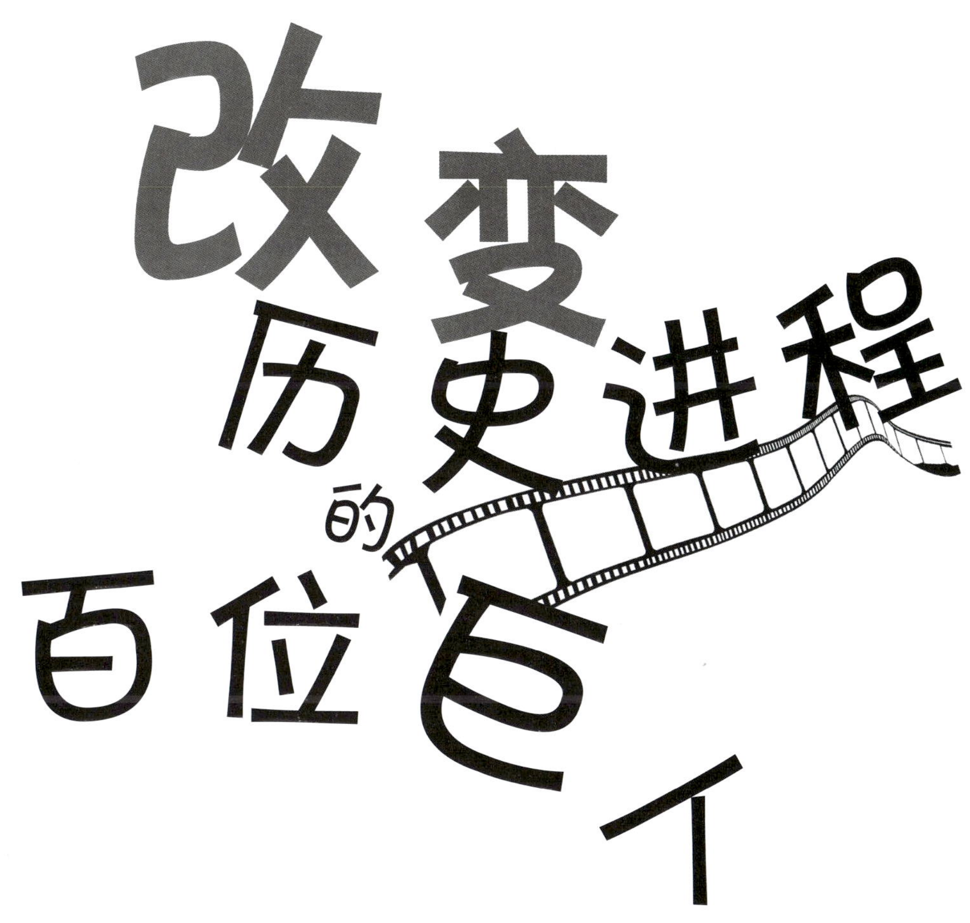

图书在版编目（CIP）数据

改变历史进程的百位巨人 / 英国 DK 公司编著；杨先碧，徐娜译 .--上海：上海辞书出版社，2016.9

书名原文：100 People Who Made History

ISBN 978-7-5326-4342-4

Ⅰ.①改… Ⅱ.①英… ②杨… ③徐… Ⅲ.①历史人物—列传—世界—青少年读物 Ⅳ.①K811-49

中国版本图书馆 CIP 数据核字（2015）第 019200 号

改变历史进程的百位巨人

编著：[英]英国DK公司

翻译：杨先碧　徐娜

责任编辑/王佳丽

封面设计/闫谦君

责任校对/左钟亮

上海世纪出版股份有限公司

辞书出版社出版

200040　上海市陕西北路 457 号　www.cishu.com.cn

上海世纪出版股份有限公司发行中心发行

200001　上海市福建中路 193 号　www.ewen.co

北京华联印刷有限公司印刷

开本 889 毫米 ×1194 毫米　1/16　印张 8

字数 100 000

2016 年 9 月第 1 版　2016 年 9 月第 1 次印刷

ISBN 978-7-5326-4342-4/K · 997

图字：09-2014-562 号

定价：58.00 元

GAIBIAN LISHI JINCHENG DE BAIWEI JUREN

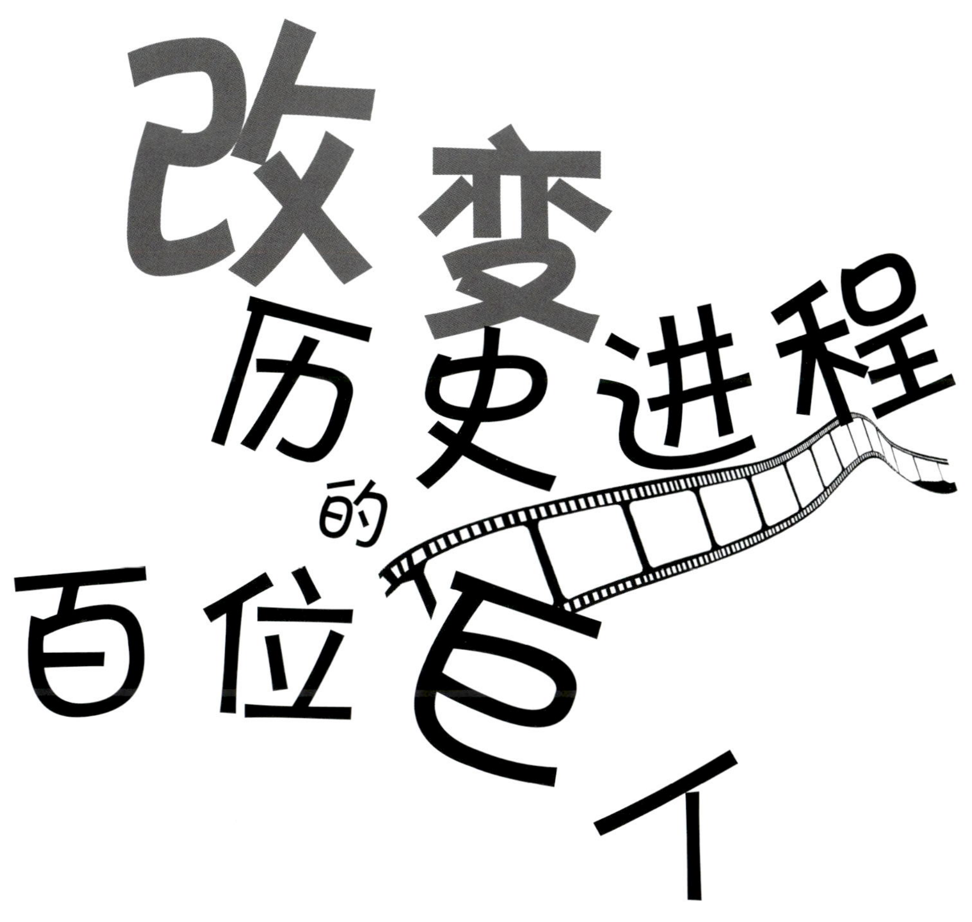

那些对现代世界的形成有重要贡献的人

编著：英国DK公司
翻译：杨先碧　徐娜

上海辞书出版社

目录

勇敢的

发现者

有一些具有冒险精神的发现者，他们敢于涉足前人没有去过的地方，在公海上远航并发现新大陆。还有更多足不出户的发现者，他们在实验室之类的地方忙碌着，企图找到一些拯救数以百万计生命的东西。在每项重大发现的背后，都有一位卓越的人物。他们的勇气、决心和偶尔的好运，造就了如今缤纷多彩的世界。

自我简介

- **生于**：1254年
- **逝于**：1324年
- **国籍**：意大利
- **相关事实**：我的旅程超过24 000千米(14 900英里)。
- **概述**：我的父亲和叔叔去中国做珠宝生意，其间拜见了中国元朝的统治者。

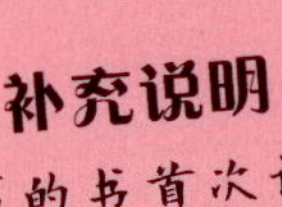

补充说明：

我写的书首次让欧洲关注亚洲。但是不少人并不相信我所写的，说我编造了那些见闻。

马可・波罗

一个把自己在远东地区旅行见闻传播到欧洲的人

马可・波罗出发

当马可・波罗17岁的时候，他跟随父亲和叔叔重返中国(见地图上的紫色路线)。他们受中国元朝统治者——大汗忽必烈之邀，在朝廷里任职17年。大汗很喜欢马可・波罗，最初任命他为外交官，后来派他到扬州任职。

马可・波罗把第一只风筝从中国带到欧洲。

他也向欧洲人介绍了黑火药的威力。

回到威尼斯

由于大汗特别喜欢马可・波罗，所以他拒绝了马可・波罗等人的回国请求。幸运的是，1292年马可・波罗一行三人受大汗委托，护送公主去波斯(现为伊朗)成婚。他们利用这次机会逃跑了，在24年后重返故乡(见地图上的红色路线)。马可・波罗把他的冒险经历写成了一本书——《马可・波罗游记》。

自我简介

- **生于**：1304年
- **逝于**：1377年
- **国籍**：摩洛哥
- **相关事实**：我一生的旅程超过121 000千米(75 185英里)。
- **概述**：我出生于一个富裕的学者家庭。在21岁时，我像其他穆斯林一样去麦加朝圣。麦加位于如今的沙特阿拉伯，是伊斯兰教的圣地。

爱好旅行

伊本·拔图塔沿着北非海岸线前往麦加，途经埃及和中东(地图上不同颜色显示了他旅行不同阶段的线路)。在这段旅程中，他遭遇过土匪，大病过一场，甚至结了一次婚。尽管他的麦加之旅长达16个月，他认为自己的行程还不够，于是开始了更多的冒险历程。

多国漫游

伊本·拔图塔在回到麦加之前，漫游到美索不达米亚(今为伊拉克)，然后到波斯(今为伊朗)。回到麦加后，他花了一年时间才治愈自己所患的顽固性腹泻。在接下来的26年时间里，他到过印度、黑海、里海、安那托利亚、阿富汗、中国和廷巴克图。1354年返回家乡后，他写了一本书，名为Rihla，在阿拉伯语中的意思是“旅程”。

补充说明：
除了去麦加之外，我从未重复相同的路线。在我把自己的经历写成一本书时，许多人认为我的冒险经历是不真实的。

伊本·拔图塔

从未停止旅行的伊斯兰学者

克里斯托弗·哥伦布

意外发现新世界的探险家

哥伦布因“发现美洲”而闻名于世，尽管他并不知道自己真正发现了什么！

航向选择

哥伦布在1451年出生于意大利热那亚。在第一次航海的时候，他还是名少年。在多次的旅行之后，他决定在葡萄牙安家。由于对远东地区出产的香料和黄金很感兴趣，哥伦布相信他能发现一条可以快速抵达那里的海上航线。因此，当绝大多数探险者向东航行以到达远东的时候，哥伦布决定向西航行来达成目的。

哥伦布在那次航程中有三艘船，分别是圣玛丽亚号、平塔号和尼娜号。

他人对他的影响

马可·波罗(1254—1324)在中国的探险，帮助欧洲人开启了通往远东的有价值的贸易路线。

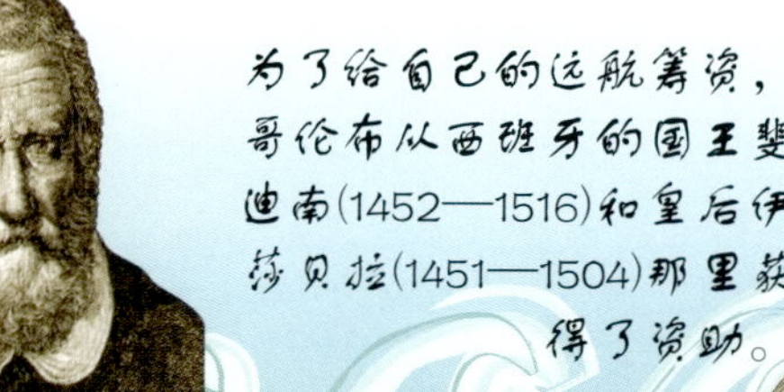

为了给自己的远航筹资，哥伦布从西班牙的国王斐迪南(1452—1516)和皇后伊莎贝拉(1451—1504)那里获得了资助。

意外成英雄

在从西班牙筹集到资金后，哥伦布返回葡萄牙。1492年，哥伦布开始了穿越大西洋的航程。10星期之后，哥伦布的船队发现陆地。在靠岸之后，哥伦布认为他登陆的地方是印度附近的一个岛屿，于是称当地人为印第安人，实际上他抵达的是中美洲的加勒比地区。当然，哥伦布并没有发现到达印度的捷径，他所发现的陆地就是我们现在熟知的美洲。

在海上，哥伦布用星星、月亮和太阳来定位并导航。

帝国时代

哥伦布对美洲的发现拉开了数世纪征战和殖民的序幕，永久地改变了世界的格局。然而，当殖民者建立起他们的帝国时，许多土著居民开始遭受痛苦。

他对他人的影响

1519年，葡萄牙探险家斐迪南·麦哲伦(1480—1521)带领第一支环游世界的船队出发了。尽管死于探险途中，但是他的船队最终完成了环游世界的航程。

另外一名探险家瓦斯科·达·伽马(约1460—1524)，成为第一个从欧洲直航到印度的人。

伽利略·伽利雷

“近代科学之父”

补充说明：木星的四个大型卫星被命名为伽利略卫星，第一艘绕木星轨道运行的飞船也是以伽利略命名的。

伽利略是天文学家、物理学家、数学家和发明家。他被认为是有史以来最著名的科学家之一。

改学数学

伽利略·伽利雷于1564年出生于意大利比萨城附近。他开始在比萨大学学习医学，后来改变心意而去学习数学。1589年，他开始担任数学教授。1609年，伽利略听说有一种叫作望远镜的东西已经在荷兰发明出来了。

发明望远镜

令人吃惊的是，尽管伽利略以前从未见过望远镜，但是他建造了比原始版本好得多的“伽利略版”望远镜。利用他新发明的望远镜，伽利略观察到了月球表面的山脉和峡谷、太阳黑子以及木星的卫星。他的新发现令他一跃成为社会名流。

起初，伽利略把望远镜出售给一些城镇，用于瞭望来犯的敌船。

他人对他的影响

伟大的阿基米德（约前287—前212）是推测地球绕着太阳转的第一人。

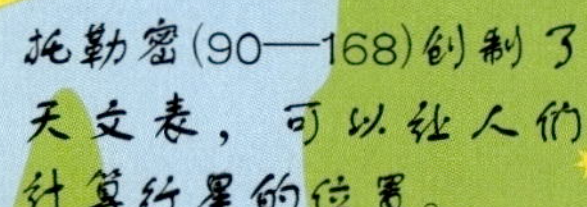

托勒密（90—168）创制了天文表，可以让人们计算行星的位置。

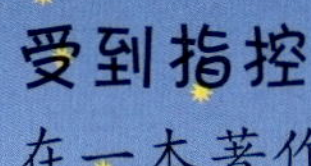

受到指控

在一本著作中，伽利略解释了为什么地球围绕太阳转。教会不喜欢这个理论，因为他们认为地球才是宇宙的中心。1616年，教会指控伽利略为异端，禁止他传授或谈论自己的理论。由于他不能长期遵守教会的禁令，他于1633年被判终身监禁，只有在放弃自己的理论后才可获得自由。

尽管对我们来说听起来可能很傻，但是在伽利略之前，绝大多数人都相信太阳和其他行星都围着地球转。

土星
金星
地球
太阳
木星
水星
月球
火星

你知道吗？

伽利略也并不总是正确的。比如，他错误地认为，潮汐是地球在围着太阳转时海洋晃荡引发的。

伽利略从比萨斜塔上同时扔下两个不同重量的铁球，以此证明所有物体会以相同的速度下落。

自由落体实验

伽利略展示了很多不同的实验，其中一个著名的例子是自由落体实验。他证明了重力可让下落的物体加速下落，但是重的物体和轻的物体下落速度相同。他还发现，影响钟摆(在一些老式钟中可以看到这个装置)来回摆动速度的因素有两个：钟摆的长度和重量。

尼古拉•哥白尼(1473—1543)用数学模型证明了地球围绕太阳转。

第谷·布拉赫(1546—1601)制造了不少同时代最精确的天文仪器。

艾萨克·牛顿

发现物体因引力而产生重量的人

牛顿发现了物体落向地面的原因，以及行星按照固定路线运行的原因。

在瘟疫中思考

牛顿于1643年出生于英国林肯郡。父亲在牛顿出生之前就去世了。尽管童年生活十分艰难，他在成年后还是在剑桥大学获得了一席之地。当瘟疫爆发之后，他不得不返回家乡。此时，他有大量的闲暇时间，开始思考是什么力量让物体下落。

苹果为何落地

牛顿自称，当他看到苹果从树上掉落之后，开始思考引发这种现象的力量是什么。结果他提出了引力理论。引力是普遍存在的一种看不见的力量，它把宇宙中的物体联系在一起，而且让这些物体不会在太空中随意乱飘。

补充说明：
我在21~27岁之间完成了我一生中大部分发现，但是不少发现在多年之后才得以出版。

他人对他的影响

德国天文学家约翰尼斯·开普勒(1571—1630)发现了行星运动定律，让人们了解行星是如何围着太阳转的。

法国思想家勒内·笛卡儿(1596—1650)对数学和几何学的发展有着突出的贡献。

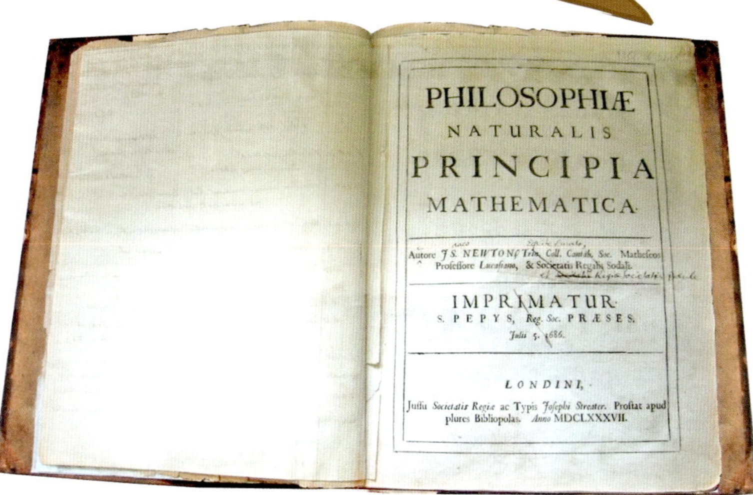

PHILOSOPHIÆ
NATURALIS
PRINCIPIA
MATHEMATICA.

Autore J S. NEWTON, Trin. Coll. Cantab. Soc. Matheseos Professore Lucasiano, & Societatis Regalis Sodali.

IMPRIMATUR.
S. PEPYS, Reg. Soc. PRÆSES.
Julii 5. 1686.

LONDINI,
Jussu Societatis Regiæ ac Typis Josephi Streater. Prostat apud plures Bibliopolas. Anno MDCLXXXVII.

发现运动规律

1685年，牛顿提出了运动定律：对物体运动与其质量、速度的关系进行数学描述。两年以后，牛顿把有关引力的想法写到了《自然哲学的数学原理》一书中，其中包括不少近代科学的基础性内容。

牛顿发现，引力影响行星的运行轨迹。

伟人之一

在200多年的时间里，牛顿的引力理论和运动定律对科学有着革命性的推动作用，让人们认识到地球和宇宙中的其他天体是如何运行的。在1727年去世后，牛顿被葬于主要埋葬皇室成员的英国伦敦威斯敏斯特教堂。

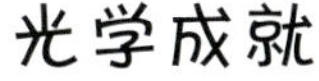

光学成就

牛顿还发明了一种新型望远镜，被称为反射望远镜。它用反射镜取代凸透镜来收集光线，其观测能力远大于之前的望远镜。他还发现白光其实是由彩虹中的各种色光组成的。

牛顿用玻璃三棱镜把白光分解成多色光。

他对他人的影响

哈勃空间望远镜采用了牛顿反射式望远镜（又称牛顿望远镜）的设计。

天文学家们利用牛顿定律和牛顿发明的望远镜，相继发现了天王星、海王星和矮行星冥王星。

德米特里·门捷列夫

门捷列夫创制了第一版元素周期表，对化学的发展起到了革命性的贡献。

补充说明：
我曾于1906年被提名为诺贝尔化学奖获得者，但是因为我的发现在当年来说已经太老了，所以最终没能获得诺贝尔奖。

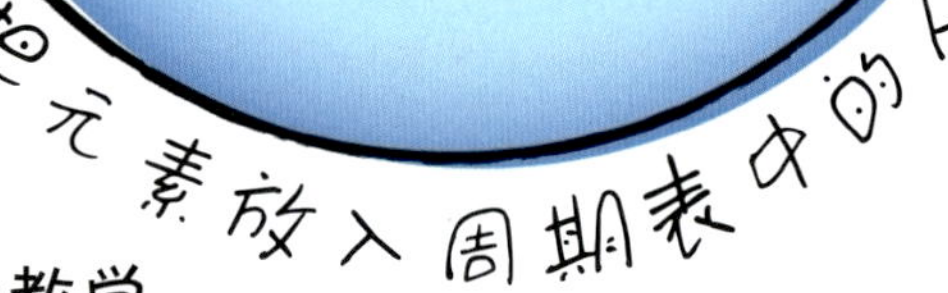

把元素放入周期表中的人

元素教学

门捷列夫于1834年出生于俄罗斯托博尔斯克。在圣彼得堡大学学习科学，后来成为化学教授。作为一名教师，他想如果能以某种方式组合化学元素，就能让学生更好地理解。这是一项艰难的任务。经过多年的尝试，他才找到组合元素的方法。

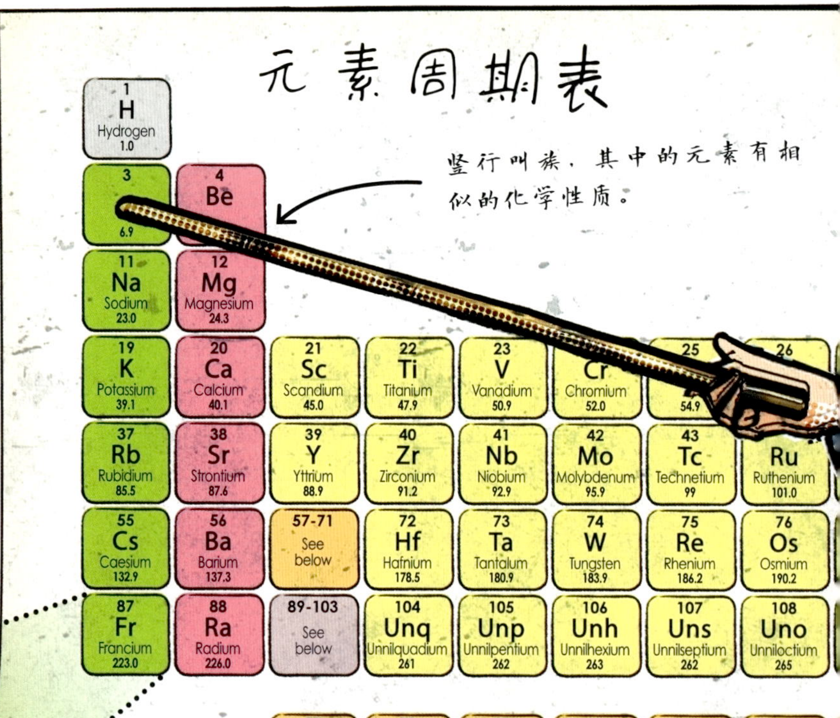

87
Fr
Francium
223.0

原子序数：原子核中总的质子数，质子为带正电的粒子。

元素符号：元素英文名称的缩写。

名称：周期表中元素的名称。

原子量：原子核中质子数和中子（一种不带电的粒子）数之和。

不同族元素用不同的颜色标记。

横行(周期)和原子核周围的电子层数有关，电子是一种带负电的粒子。因此，第一行的氢有1个电子层，第六行的钡有6个电子层。

他人对他的影响

希腊哲学家德谟克利特(前460—前370)认为，所有物质都是由原子组成的。“原子”在希腊语中的意思是“不可分的东西”。

罗伯特·玻意耳(1627—1691)是名英国化学家，他证明气体是由广泛分布的、不停运动的原子组成的。

从混乱中找秩序

门捷列夫相信，元素必定遵守着某种秩序。以前，化学家要么按照元素的原子量来排序，要么按照元素的化学性质(它们的原子与哪些原子反应)来排序。门捷列夫把排列元素变成一种卡片游戏，他称之为“化学纸牌游戏”。他在每张卡片上写下元素的名称和原子量，然后尝试进行组合。最终，他按照原子量把化学元素放入一张表中，并把金属、非金属和惰性气体的化学元素分成9个族。元素周期表创制于1869年，揭示了元素在化学反应中的行为有特定的模式。

门捷列夫为每个未知的元素留一个空位。根据他的元素周期表，门捷列夫预测了未知元素的外观和性质。不断发现的新元素证明他的预测总是对的。

一场科学革命

元素周期表完全革新了人们对物质的原子性质的理解，引导人们发现了许多相对以往认识来说更新的元素。它也为一门新的分支学科——量子力学的出现铺平了道路。

第一个尝试把化学元素列表排列的是法国化学家拉瓦锡(1743—1794)。

意大利化学家斯坦尼斯劳·坎尼札罗(1826—1910)提出了测量元素原子量的方法。

查尔斯·达尔文

认为人类起源于猴子

达尔文认为，地球上千姿百态的生命不是神灵一次性创造的产物，而是数百万年来逐渐演变的结果。

早年求学生涯

1809年，达尔文出生于英国什鲁斯伯里一个富裕的家庭。年轻的时候，达尔文希望成为一名医生，但是他很快发现自己怕见到血，于是改学神学。他开始学习自然史，其主要内容是上帝如何设计地球上的生命。但是，他很快就开始质疑这种理论。

非同寻常的航程

在22岁的时候，达尔文加入了一个科学探险队，搭乘“小猎犬”号轮船远航。在历时5年的航程中，他不断地研究自然，包括做笔记、收集标本。当考察太平洋上的加拉帕戈斯群岛时，达尔文注意到不同岛屿上有明显亲缘关系的动物看起来却有些差异。

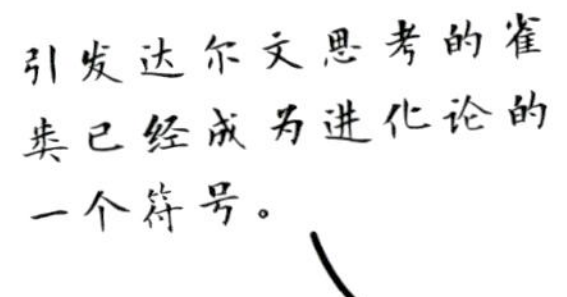

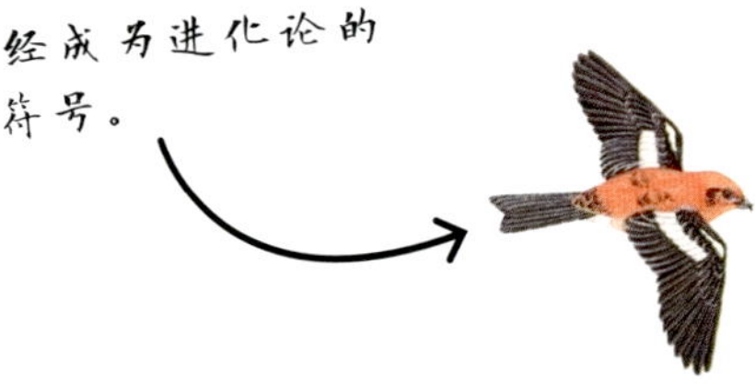

引发达尔文思考的雀类已经成为进化论的一个符号。

他人对他的影响

瑞典植物学家卡尔·林奈(1707—1778)给出了把相似物种组合在一起的现代方法。相关研究领域也被称为分类学。

让-巴蒂斯特·拉马克(1744—1829)是法国博物学家，他认为物种并非固定不变，而可能在不断进化。

补充说明：
许多人不喜欢我的理论，因为按照这个理论，人类并不特殊，也像其他动物一样是进化的产物。

大地雀　　中地雀

小地雀　　莺雀

自然选择

在一些岛屿上，雀类主要以种子为食，它们的喙宽大且有力；而在另外一些岛屿上，雀类主要以昆虫为食，它们的喙狭窄且尖锐。达尔文意识到，这些雀类适应了各自岛屿上独特的生态环境。适应生存环境的动物能更好地存活下来，并把这种特性传递给后代。于是，他发现物种变化是一个长期的过程，他称这种理论为“自然选择过程推动的进化”，简称进化论。

改变世界的书

1859年，达尔文的《物种起源》出版后成为当时的畅销书。达尔文的理论是有史以来最重要的科学理论之一。他永久性地改变了我们认识地球生命的方法。

达尔文给生物科学带来了一场革命

加拉帕戈斯群岛的每个岛屿上，都各自拥有独特种类的巨龟。

英国经济学家托马斯·马尔萨斯(1776—1834)在他的著作《人口论》中提及生存竞争的概念。这个概念对达尔文的进化论研究有所启发。

英国学者阿尔弗雷德·拉塞尔·华莱士(1823—1913)曾经把自己的进化论论文寄送给达尔文，在达尔文出版进化论著作之后甚感震惊。

医学奇迹

那些令医学现代化的人

在并不太长的时间以前，或许你死于医疗的可能性和死于疾病本身的可能性相当。以下医学先锋们改变了这种状况。

你知道吗？
在古希腊，希波克拉底(约前460—前377)是认为疾病不是恶灵所致的第一人。

爱德华·詹纳

(1749—1823)

在18世纪，天花是人类遭遇的最强“杀手”之一。天花是一种传染病，会导致严重的皮疹。詹纳认为，只要人们感染小剂量的天花病毒，就可以抵御更强烈的感染。他发明了天花病毒接种法，从那以后这种方法挽救了无数的生命。

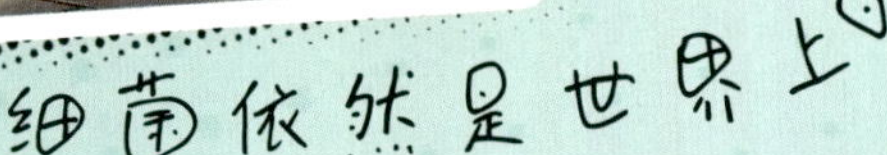

细菌依然是世界上的头号“杀手”

路易斯·巴斯德

(1822—1895)

人们曾经认为细菌如此之小，是不可能危害人类的。巴斯德是名法国化学家，他证实了看起来微小的细菌实际上可以导致不少严重疾病，比如霍乱。他也指出，你可以用煮沸的方法来杀灭细菌，这种方法我们称之为“巴氏灭菌法”。

皮下注射器发明于1853年，用于把药物输送到皮肤下面。

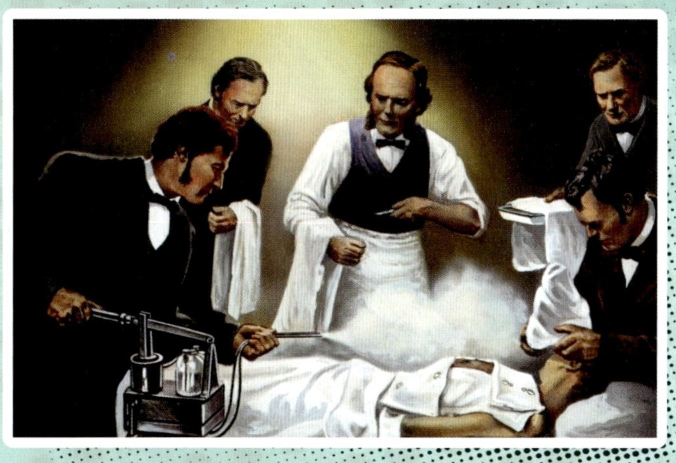

约瑟夫·李斯特

(1827—1912)

在19世纪，不少人死于外科手术。李斯特是一名英国医生，他认为是因为来自肮脏的环境、器械和未洗之手的病菌导致患者在手术过程中受到感染。他想出了消毒设备和用抗菌剂处理伤口的主意。抗菌剂是抑制致病微生物生长的物质。消毒起到了效果，结果越来越少的人死于外科手术。

威廉·伦琴

(1845—1923)

当德国物理学家威廉·伦琴进行电流穿过气体的实验时，他注意到某些奇特的现象。他在实验中生成了一种看起来可以穿透物体的神秘射线。由于不确定所发现的究竟是什么东西，他称之为X射线。如今，X射线具有广泛的医学用途，从断骨到各种恶性肿瘤，都能用X射线探测。

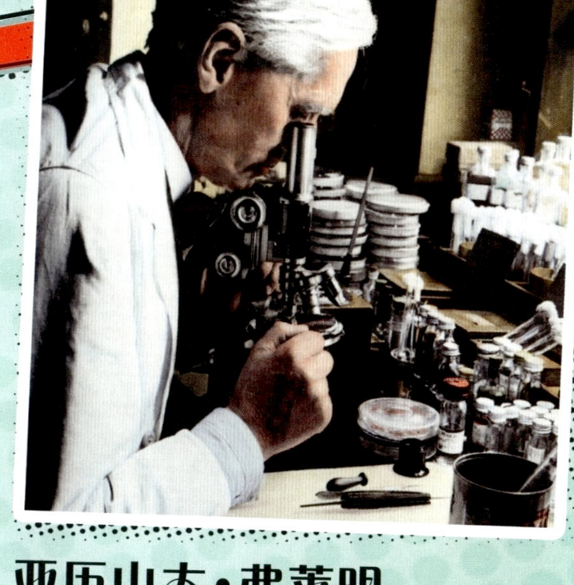

亚历山大·弗莱明

(1881—1955)

这名英国医生在用培养皿培育细菌时，发现培养皿发霉了。在他正准备扔掉这些培养皿时，意外地发现霉菌似乎杀死了自己培育的细菌。他称这种物质为青霉素，这是第一种抗生素。

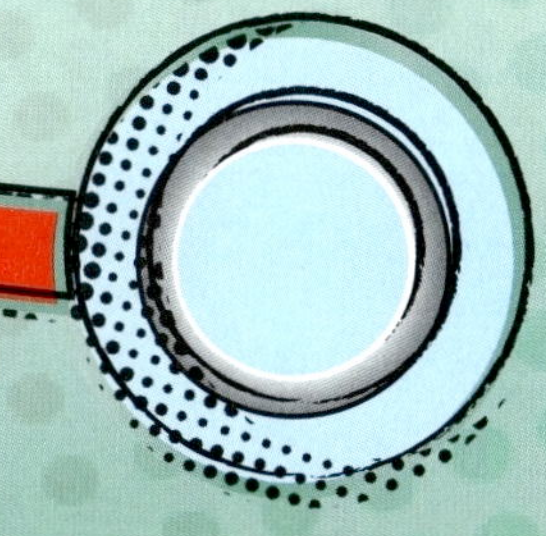

1816年，第一个听诊器是用纸筒制作的，后来改用木管。

阿尔伯特·爱因斯坦

"现代物理学之父"

他的著名方程式显示质量(m)和能量(E)是可以相互转化的。甚至一点微小的物质(比如豌豆)，都在其原子中蕴藏着巨大的能量。物质中的能量等于质量和光速(c)平方的乘积。

$E=mc^2$

爱因斯坦是世界上最著名的科学家。他的理论改变了我们对宇宙的认识。

早年生活

爱因斯坦于1879年出生于德国乌尔姆(右图中显示的是他幼时和妹妹玛雅的合影)。大学毕业之后，爱因斯坦在瑞士一家专利局任职，主要工作是检修电子设备。他利用业余时间建立了有关光和时间的重要理论。1905年，他发表了一篇著名的科学论文。

时空弯曲

在他的狭义相对论中，爱因斯坦认为宇宙是迷人且不可思议的。他认为空间和时间是有关联的，它们是弯曲且可改变的，这取决于人们看待它们的角度。他解释说，你旅行的速度越快，时间就过得越慢。他还表示，光的极限速度是每秒300 000千米(186 000英里)。

他对他人的影响

1945年，第一颗原子弹发生了剧烈的爆炸。它把藏匿在原子中的能量释放了出来，验证了爱因斯坦的质能方程 $E=mc^2$。

爱因斯坦提出了激光理论。激光被用于读取CD、DVD和条形码，并常常出现在科幻影片中。

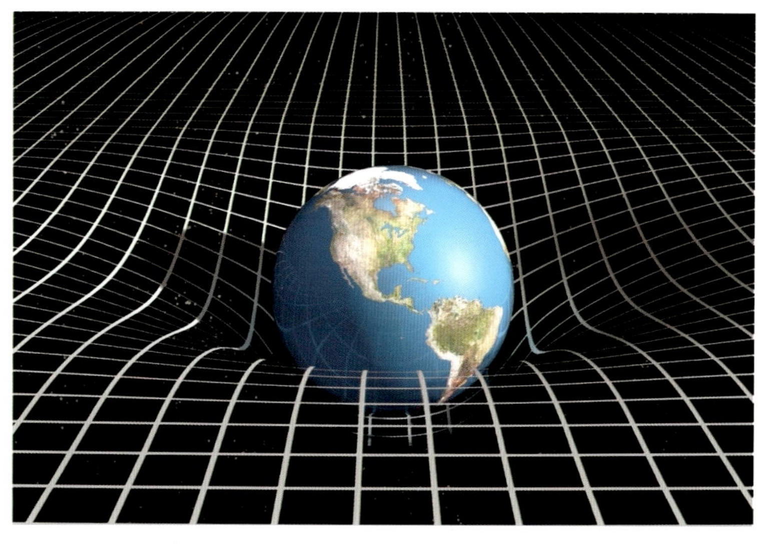

引力和宇宙

牛顿认为，引力是大物体吸引小物体的力。爱因斯坦的广义相对论表示，空间和时间是同一事物的不同方面，这种事物叫“时空”，如行星一样的大物体可以导致时空弯曲。这就如同把一个球放在纸片上，纸片会弯曲一样。比沉重的大铁球小一些的物体令纸片的弯曲程度也小一些，于是小物体就会朝向大物体制造的凹面滚动。这就是引力的本质。

补充说明：
在我小的时候，父母担心我可能有些傻，因为我说话有些困难，我总是尝试先低声说出我要讲的话。

杰出的天才

爱因斯坦的理念永久性地改变了物理学和天文学。他的理论为之后几十年的新发现铺平了道路，其中包括基本粒子这种“最小的”发现，以及宇宙如何运行这种“最大的”问题。爱因斯坦是一位杰出的天才，也是一位富有创造性的代表性人物。

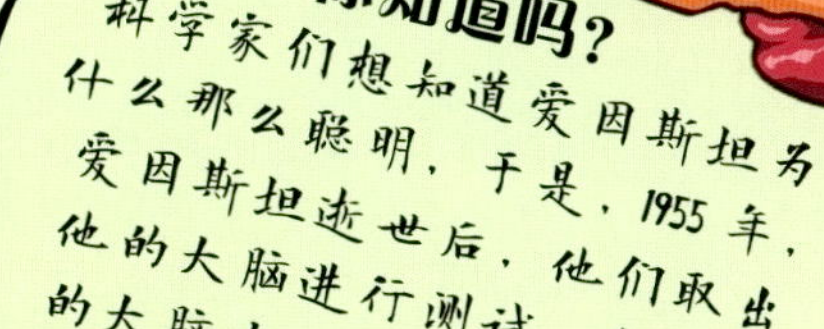

你知道吗？
科学家们想知道爱因斯坦为什么那么聪明，于是，1955年，爱因斯坦逝世后，他们取出他的大脑进行测试，发现他的大脑中，负责数学思维的区域异常巨大。

根据相对论的知识，对汽车进行卫星导航的GPS（全球定位系统）卫星上的时钟需要调得慢一些，以便和接收信息者的时钟同步。

爱因斯坦对玻尔及其量子力学的质疑促进了量子力学的发展。量子力学的应用之一是用于制造电脑芯片。

玛丽·居里

发现放射现象的女性，获得诺贝尔奖的第一位女性，两次获得诺贝尔奖的第一人

自我简介

- **生于：**1867 年
- **逝于：**1934 年
- **国籍：**波兰
- **相关事实：**我的大女儿艾伦也获得过诺贝尔化学奖。
- **概述：**我出生于波兰，在法国巴黎学习物理和数学。在那儿我遇到了皮埃尔·居里，他后来成为我的丈夫。

补充说明：
由于没有意识到我研究的放射性物质的危险性，我病逝于由其引发的再生障碍性贫血。

放射性

居里夫妇共同工作，一起探索放射性。居里夫人证明放射性元素的原子能释放高能粒子，我们称这种现象叫辐射。这种现象证明原子并非一个个固态小球那么简单。他们还发现了两种新的放射性元素，分别叫钋和镭，后来他们还意识到辐射可以用来治疗疾病，比如癌症。

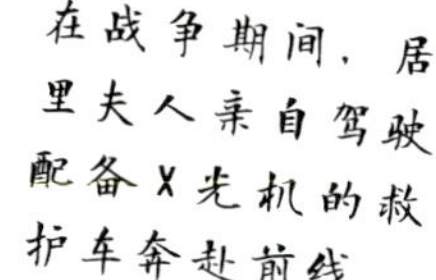

在战争期间，居里夫人亲自驾驶配备X光机的救护车奔赴前线。

X 光机

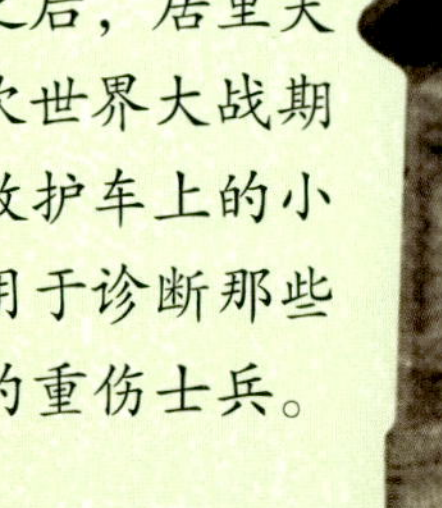

在获知放射性元素可以产生 X 光之后，居里夫人推动医院采用 X 光机。在第一次世界大战期间，她还发明了一种可以安装在救护车上的小型 X 光机。她的移动式 X 光设备用于诊断那些不能转移到医院的重伤士兵。

欧内斯特·卢瑟福

发现原子结构并将原子分裂的人，诺贝尔化学奖获得者

补充说明：
在第一次世界大战期间，我利用声波探测潜艇。

自我简介

- **生于：**1871 年
- **逝于：**1937 年
- **国籍：**新西兰
- **相关事实：**我常被人们称为“核物理之父”。
- **概述：**出生于新西兰，在加拿大麦吉尔大学成为物理学教授，对放射现象这一新发现进行深入研究。

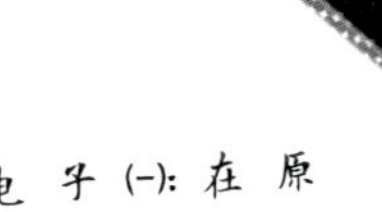

电子(-)：在原子核轨道上运转的带负电荷的微小粒子。

质子(+)：组成原子核的带正电荷的粒子。

中子(0)：比质子稍大、不带电荷的粒子。

粒子之谜

在居里夫人证明原子不仅仅是固体小球之后，卢瑟福弄明白了原子的绝大部分质量集中于中心（即原子核），其余部分实际上几乎全是空的。他也认识到原子核是由更小的粒子组成的，这些粒子叫质子和中子。原子核则被运动轨迹像云团的电子所包围。

氢是唯一没有中子的元素。

分裂原子

卢瑟福发现，如果用高能粒子轰击原子核，原子核可能分裂。利用放射源去轰击原子的粒子，他发现质子被轰出原子核，原子分裂了。卢瑟福创建了一门新的科学——核物理学。

沃森和克里克

揭示生命奥秘的人

染色体是遗传信息的大“包裹”，由一条很长的带状 DNA 组成。

沃森和克里克是首先发现 DNA 双螺旋结构的人，并解释了是什么因素决定我们的外貌。

活力二人组

弗朗西斯·克里克于 1916 年出生于英国北汉普顿。他最初学习物理，后来改学生物学，并在剑桥大学找到一份工作。詹姆斯·沃森于 1928 年出生于美国芝加哥。他原本想学鸟类学，后来改变了想法而学习遗传学。他于 1951 年到剑桥大学任职，在那里他结识了克里克。于是，他们在一起工作，共同研究 DNA 的结构。

补充说明：
在我们之前，科学家已经知道 DNA 把基因从上一代传递给下一代，但是他们不知道 DNA 究竟是啥模样。

你知道吗？
当他们获得自己的发现之后，克里克走到剑桥大学的老鹰酒吧，并宣布：“我们已经发现了生命的奥秘！”

他人对他们的影响

格雷戈尔·孟德尔（1822—1884）开启了遗传学的研究。他对豌豆展开了大量研究，发现其特定性状可以传递给后代。

弗里德里希·米歇尔（1844—1895）发现细胞含有核酸，这为发现 DNA（一种核酸）铺平了道路。

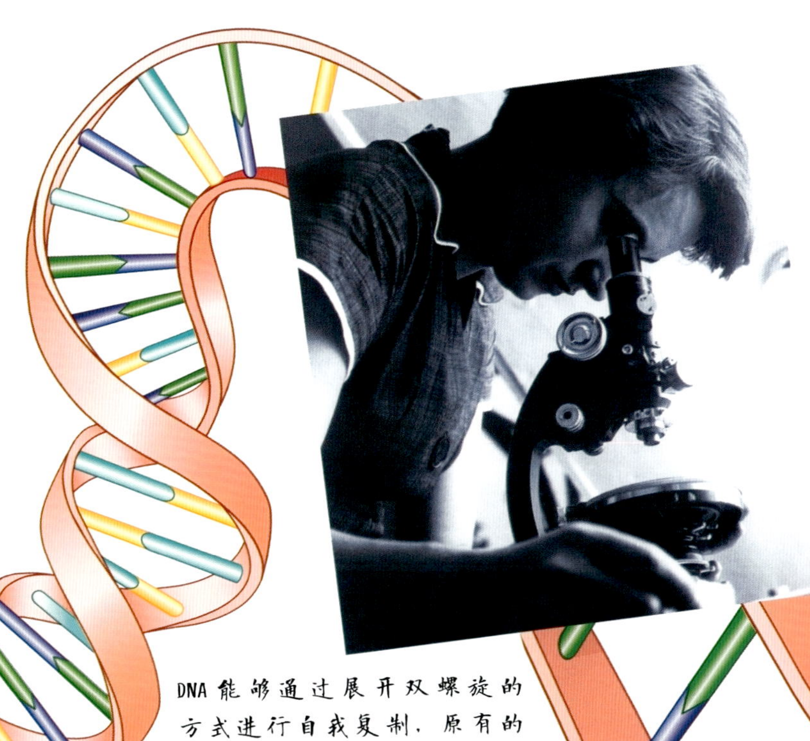

发现权之争

在沃森和克里克研究DNA结构的同时，另外有两名科学家也在用X射线研究DNA的结构。他们是伦敦国王学院的罗萨林·富兰克林和莫利斯·威尔金斯。威尔金斯认为，沃森在未经富兰克林许可的情况下复制了她的研究。他们都在自己的研究中利用了富兰克林的发现，却没有给予她应得的荣誉。沃森、克里克和威尔金斯分享了1962年诺贝尔生理学或医学奖，但是富兰克林却没有因为她的发现而获得认可。

DNA能够通过展开双螺旋的方式进行自我复制，原有的核苷酸吸引新的同伴，组合成两条相同的双螺旋。

破解生命的密码

脱氧核糖核酸(DNA)是存在于地球上绝大部分生物细胞内的一组化学指令。DNA告诉细胞如何运行和生长。沃森和克里克发现，DNA有两条带子，而且扭曲地结合在一起，就像是旋转楼梯一样，他们称这种结构为双螺旋。在两条带子之间是一种被称为碱基的特殊分子。有4种不同的碱基(鸟嘌呤、腺嘌呤、胞嘧啶、胸腺嘧啶)，它们的顺序决定了DNA的结构。

推动科学发展

DNA结构的发现开启了科学的新分支。我们现在可以通过修改基因来获得转基因农作物。科学家已经描绘出人类的基因图谱，这样可以寻找到对付疾病的新疗法，甚至可以预防疾病的发生。

他们对他人的影响

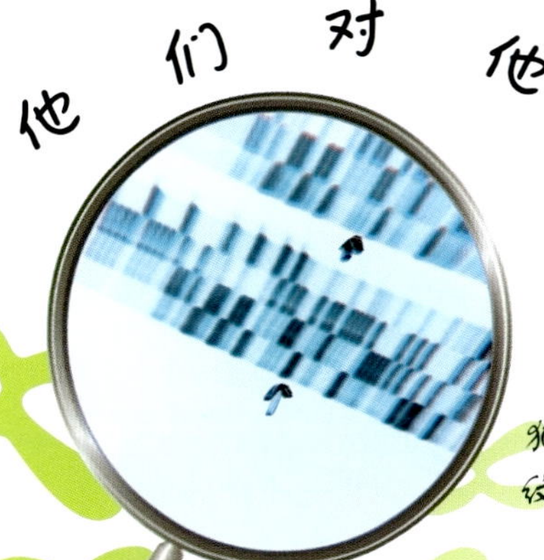

警察能够从案发现场残留的DNA物质来鉴别罪犯，这种方法被称为遗传"指纹"分析。

科学家能够利用DNA拷贝来克隆动物。第一个克隆哺乳动物出现于1996年，它是一头名为多利的绵羊。

玛丽·安宁

化石猎手，她发现了脚下的恐龙骨骼，改变了我们对进化的看法

自我简介

- **生于**：1799 年
- **逝于**：1847 年
- **国籍**：英国
- **相关事实**：当我还是一个婴儿时，有一次被雷电击中后幸存地活了下来。
- **概述**：我出生于英国多塞特郡莱姆里杰斯，这个地区因化石而闻名。

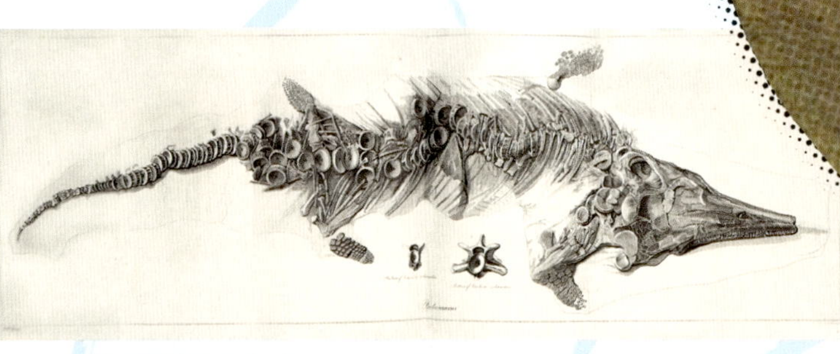

可怕的化石

玛丽和她的兄弟约瑟夫一起，花了不少时间在莱姆里杰斯海滩上搜寻化石。在她 12 岁的时候，约瑟夫发现了第一块化石——鱼龙化石，玛丽挖掘出这块化石。玛丽发现了第一块几乎完整的蛇颈龙化石，还有在德国之外的第一块翼龙化石。她甚至发现了一种鱼的化石是鲨鱼和鳐鱼之间“缺失的一环”。

补充说明：
我曾经在可怕的风暴期间在海滩上搜寻，结果发现了一些被巨浪冲刷而现身的化石。

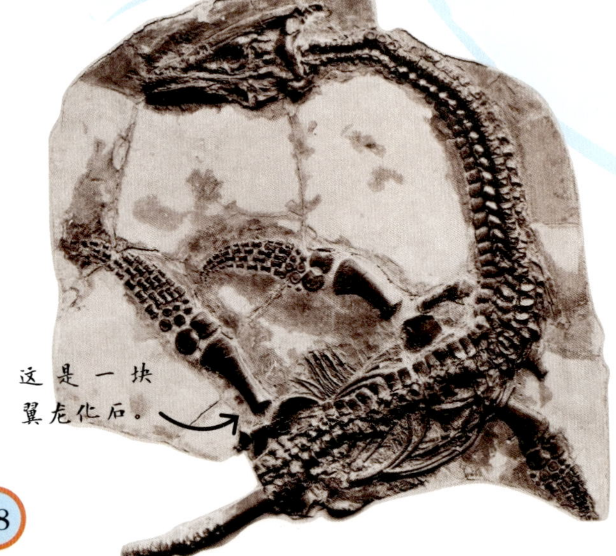

这是一块翼龙化石。

进化革命

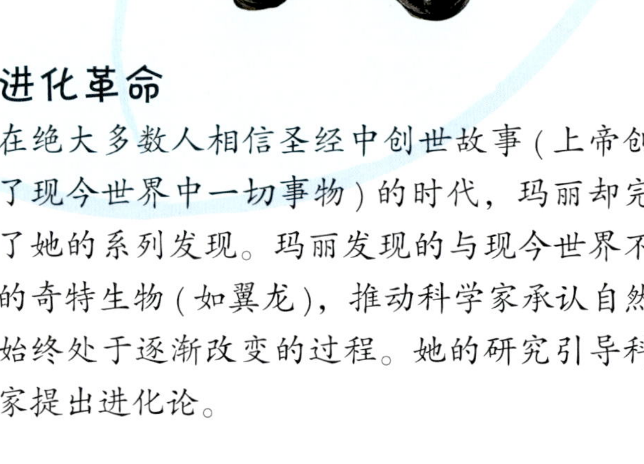

在绝大多数人相信圣经中创世故事（上帝创造了现今世界中一切事物）的时代，玛丽却完成了她的系列发现。玛丽发现的与现今世界不同的奇特生物（如翼龙），推动科学家承认自然界始终处于逐渐改变的过程。她的研究引导科学家提出进化论。

自我简介

- **生于**：1913 年
- **逝于**：1996 年
- **国籍**：英国
- **相关事实**：我确立了为古代石器分类的新系统。
- **概述**：我出生于英国伦敦，一生中的大部分时间都在非洲搜索古人类的化石和工具。

寻找智人

在寻找智人（现今人类的远古祖先）化石方面，玛丽有着令人吃惊的能力。1959 年，在坦桑尼亚的奥杜威峡谷，她发现了人类祖先的头骨化石，她给他取了个“胡桃钳人”的昵称，因为他有着巨大的颌和牙齿。后来，她发现了一个人类物种的头骨和手，她戏称之为“有手人”，这种人已经和现代人十分相似了。

“胡桃钳人”生活于距今 175 万年前的非洲。

补充说明：在 12 岁的时候，爸爸带我去法国看原始人的洞穴壁画。从那以后，我就开始沉迷于对原始人的关注。

雷托里的化石脚印距今已有 375 万年。

向前一步

玛丽最激动人心的发现是在 1978 年，当时她在坦桑尼亚雷托里找到了原始人的脚印。这些脚印证明原始人开始直立行走的时间要比科学家预想的早得多。玛丽被认为是世界上最优秀的古人类学家之一。她的发现在很大程度上解开了人类起源之谜。

玛丽·利基

一位发现人类骨骼化石和人类起源奥秘的女性

激动人心的

发明家

没有这些耀眼的发明明星，你的日常生活将变得与现在大不相同。你将不能在纸上书写，不能乘坐汽车出行。实际上，你还不能读到这本书。想象一下没有电话、服装、飞机、电视机、互联网和快餐的生活。当然，我们相信生活会继续下去，但是这些有独创性的发明家已经让我们的世界变成了一个高科技的、多功能的、有趣的世界。

自我简介

- **生于**：约 62 年
- **逝于**：121 年
- **国籍**：中国
- **相关事实**：我是汉朝汉和帝时代的一名朝廷官员。
- **概述**：我出生于中国桂阳郡（今湖南郴州），曾是一名掌管仪器和武器制造的官员。

蔡　伦

用树皮造纸而改变世界书写历史的人

“沉重”的阅读

在纸发明以前，阅读是一件“沉重”的事情。古文明时代，例如在美索不达米亚（两河流域），人们用沉重的泥版书写。在中国，人们曾用柔韧的竹子或者昂贵的丝绸编书。在西方，人们曾用蜡片做标记，在纸莎草或兽皮上书写。

如今的造纸技术仍然和蔡伦时代的较为相似。

造纸技术在12世纪才传到欧洲。

剥皮的创意

公元 105 年，蔡伦发明了造纸技术。他利用柔软的桑树里层树皮，并混合竹纤维和水。然后，他捣碎这些混合物制成纸浆，再将纸浆倒在布上晾干。水分挥发了，只有纤维留了下来，蔡伦就这样造出了一张纸！纸张的发明令思想和知识的传播速度比以往快得多。

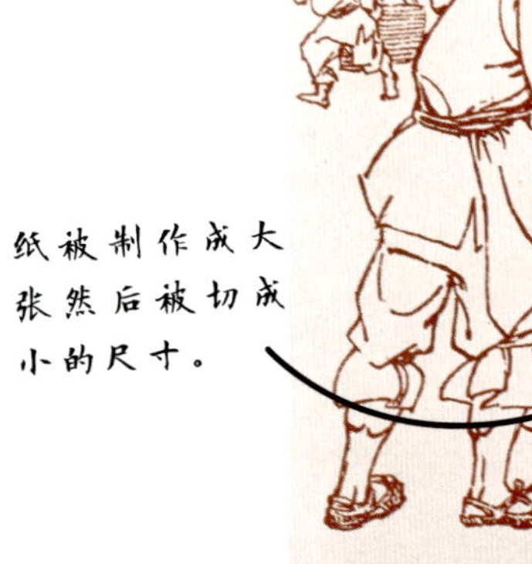

纸被制作成大张然后被切成小的尺寸。

自我简介

- **生于**：1398 年
- **逝于**：1468 年
- **国籍**：德国
- **相关事实**：我是一名印刷商，同时也是一名出版商。
- **概述**：我出生于德国美因茨市。我发明了铅活字印刷术，这是工业社会里最重要的发明之一。

约翰·谷登堡

西方活字印刷术的发明人，开启了大众阅读的新时代

秘密实验

谷登堡喜欢阅读。他认为，只有富人才能买得起书籍是一件憾事。在一个秘密的生产车间，他开始尝试制造单个的可移动的字母和一种新型的油墨，他还利用酒厂的技术来改进自己的印刷厂。1454 年，他获得了成功，印刷了一批具有代表意义的书籍——《谷登堡圣经》。

谷登堡印刷的第一批《圣经》较贵，每本售价约为当时人们3年的平均薪水。后来这些印刷品越来越便宜。

谷登堡开始尝试用木制活字，但是他最终采用金属活字，因为后者更不易磨损。

阅读的革命

谷登堡新发明的消息很快传遍了欧洲。在他去世之前，欧洲的所有大城市都开办了印刷厂。印刷厂令思想和信息前所未有地快速传播，令所有人，无论贫穷还是富有，都能享受到阅读的乐趣。

补充说明：

由于我秘密研究印刷术，邻居们误以为我是一位常和恶魔们聚会的巫师。

詹姆斯·瓦特

改良蒸汽机的人

补充说明：
瓦特——电力和机械能的功率单位，是为了纪念我而命名的。

瓦特并没有发明蒸汽机，但是他的改良令蒸汽机成本大降。他的蒸汽机引发了工业革命，从此永远地改变了世界。

年轻的工程师

瓦特于1736年出生于英国苏格兰格里诺克镇，是一位富裕的造船师的儿子。他起初在格拉斯哥大学制造和修理数学仪器，但是他很快沉迷于蒸汽机的研制。

热能天才

第一台有商用价值的蒸汽机成功建造于1712年，是英国发明家托马斯·纽科门建造的，最初用于抽水。瓦特注意到这种蒸汽机浪费了大量的燃料，因为汽缸在反复地加热和冷却时需要耗费大量的能量。1769年，瓦特设计了一种新的蒸汽机，其中的汽缸可以始终保持热乎状态，这样蒸汽机的效率就大大提高了。在完成相同的工作的情况下，他设计的蒸汽机的耗能只需要老式蒸汽机的四分之一。

他对他人的影响

英国工程师理查德·特里维西克（1771—1833）改良了瓦特的蒸汽机，并于1804年将之用于制造蒸汽火车。

1829年，英国发明家乔治·史蒂芬森（1781—1848）制造了当时最先进的火车“火箭”号，而且建造了第一条公共铁路。

加速前进

在瓦特改良设计之前，蒸汽机主要用来从矿井中抽水。瓦特在意识到改良蒸汽机可以有更多的用途后，他找了一个商业合作伙伴马修·博尔顿（1728—1809）来让蒸汽机进入市场。在博尔顿的帮助下，瓦特蒸汽机获得了巨大的成功。到1783年，瓦特蒸汽机几乎完全取代了老式的纽科门蒸汽机。

瓦特的影响

瓦特发明的蒸汽机是之后几十年内社会和经济发展的重要动力，其影响一直延续至今。除了蒸汽机外，瓦特也发明了大规模制造氯气的技术，这些技术往往用于漂白。

提供动力

很快蒸汽机就被用作各种机械的动力系统。瓦特蒸汽机用于水泵抽水、驱动水车、拉磨和码头排水。他发明的蒸汽机为工业革命的出现提供了动力，因为当时人们开始依赖机械。这也导致了城市的快速发展，让许多人离开乡村而搬入城市。

瓦特蒸汽机让人们从对畜力的依赖转向机械。

瓦特提出了“马力”一词，以解释他的蒸汽机能完成多少工作。

1884年，英国工程师查尔斯·帕森斯（1854—1931）开发了第一台蒸汽涡轮机。十年后，他建造了第一艘蒸汽涡轮动力船“透平尼亚”号。

蒸汽涡轮机是现代电厂的核心设备。涡轮机可把蒸汽的能量转化为电能。

亚历山德罗·伏打

发明了世界上第一块电池的人，揭开电之奥秘的人

补充说明：
在每块电池上都能看到我的名字，因为电池电压的计量单位是伏特（正是源于我的名字）。

自我简介

- **生于**：1745 年
- **逝于**：1827 年
- **国籍**：意大利
- **相关事实**：我发现了甲烷气体。
- **概述**：我出生于意大利科莫市。我是一名实验物理学教授，我把一生中大部分时间都用于研究电。

让腿跳起来

1786 年，意大利一名解剖学家吕吉·伽伐尼发现，当他用钢杆触碰青蛙腿时，青蛙腿会剧烈痉挛。伏打意识到，在钢杆和青蛙的湿腿下的锡片之间产生了电流。产生电流的关键是要有两种不同的金属。

伏打电堆是现代电池的先驱。

当伏打向拿破仑演示了他的电堆装置后，拿破仑给了他一笔奖赏。

伏打电堆

1800 年，伏打尝试用他自己的方式来创造电的效应。他用铜片和锌片作为不同的金属，并用硬纸板浸泡盐水。当他把这些金属和纸板层层堆叠起来后，电流在堆积物中产生了。伏打称这种装置为“伏打电堆”。这正是他发明的电池。

自我简介

- ■ **生于**：1791 年
- ■ **逝于**：1867 年
- ■ **国籍**：英国
- ■ **相关事实**：我的头像出现于二十英镑的纸币上。
- ■ **概述**：我出生于英国伦敦附近。我的父亲是一名铁匠，我只接受过很少的正规教育。

迈克尔·法拉第

发明了电动机和发电机的人

补充说明： 我还发现，金属编织的“法拉第笼”可以起到防触电的作用，当强大的电流通过这个笼子时，笼中的任何物体都不会受到电流的袭击。

电动的创意

1821 年，法拉第发现，电流通过线圈时会产生磁场。他还发现电磁能可以转化为动能，于是据此发明了至今我们还在通过多种途径使用的电动机。

利用铜盘在磁铁的磁极间旋转，可以产生电能。

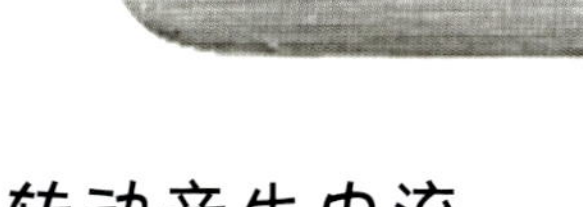

法拉第发明了第一个变压器。

转动产生电流

1831 年，法拉第在进行了多次电动机的实验之后，发现逆转这个过程可以产生电流。利用在磁铁磁极之间旋转的铜盘，能在与铜盘连接的导线中产生稳定的电流。由此，法拉第发明了世界上第一台发电机。

这些线圈就是用于把高压电转化为低压电，以便我们在家里可以安全用电。

日常发明

那些我们生活离不开的发明

不时会涌现出一些人物来发明一些新东西，让我们疑惑，如果没有这些发明，我们该如何生活。这里列出的人物都是那些“生活必需品”发明的主人。

查尔斯·固特异

（1800—1860）

如果你家的汽车轮胎是由天然橡胶制成的，那么它们会在夏天熔化而在冬天凝固，简直没法用。幸运的是，美国发明家固特异发现可利用加热和混合化学药剂的方法来硬化橡胶。

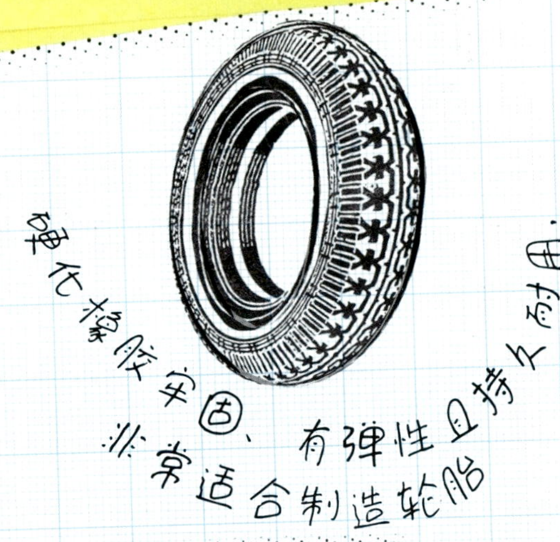

硬化橡胶牢固、有弹性且持久耐用，非常适合制造轮胎

利维·斯特劳斯

（1829—1902）

设想一下美国摇滚歌手猫王埃尔维斯穿上灯芯绒裤是什么样子？一位名叫雅各布·大卫的美国裁缝把铆钉加到裤子上，给予摇滚歌手们一种特别的力量。大卫的生意合作伙伴——德国人利维·斯特劳斯将这种裤子的设计申请了专利，并在改进后批量生产，这就是牛仔裤的由来。

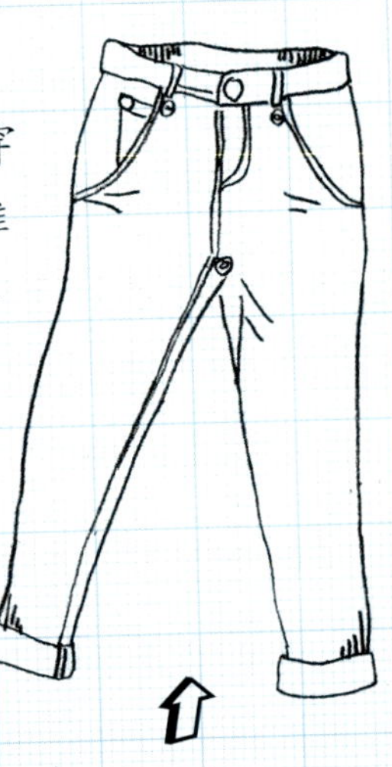

牛仔裤成为摇滚的时尚标志

乔治·伊士曼

（1854—1932）

如今，你或许习惯用手机拍照了。然而，在智能手机出现之前，人们还是用相机（如柯达）拍照。美国发明家伊士曼发明了胶卷，以替代曾经十分昂贵的照相底片。1888 年，他还发明了一种小型的廉价相机，那就是柯达相机。

柯达相机首次让照相变得经济适用。

你知道吗？

柯达公司还为阿波罗 11 号飞船配备过相机，专门用于在月球上拍照。

华莱士·卡洛瑟斯

（1896—1937）

过去 70 多年来，这位美国化学家的发明帮助女士们能穿上秀出美腿的尼龙布料。他发明了尼龙——第一种合成聚合物（有点像塑料），这种材料可以拉制成丝，用于制造不少物品，比如吉他弦和丝袜。

电影明星是穿上第一批尼龙丝袜的人

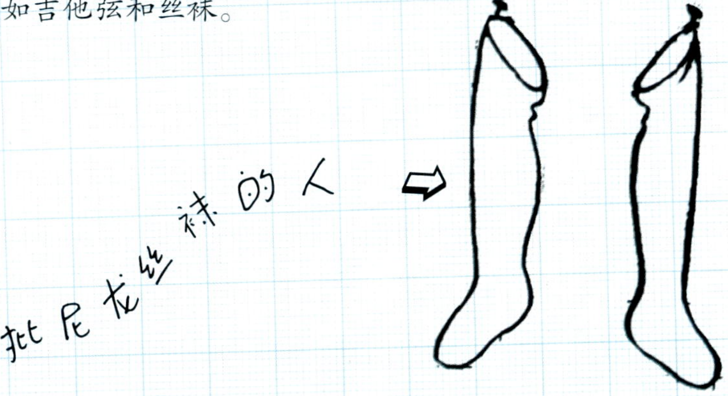

亚历山大·格拉汉姆·贝尔

发明了实用电话机的人，也是让电话机的体积变小的人

自我简介

- **生于：** 1847 年
- **逝于：** 1922 年
- **国籍：** 美国
- **相关事实：** 我也发明了第一台金属探测器。
- **概述：** 我出生于英国苏格兰爱丁堡，但是我大部分时间在美国和加拿大工作和生活。

通过电话传递的第一句话是："沃森先生，过来，我想看到你。"

电传语音机

人们曾经只能靠电报远距离传递信息，那是一种通过电缆传递电码的方式。贝尔认为，他能用电报线来传递人们的声音。1875 年，在美国人托马斯·沃森（1854 — 1934）的帮助下，他发明了电传语音机，也就是我们现在所说的电话。1878 年，贝尔在美国康涅狄格州建造了世界上第一家电话局。

为聋人工作

为聋人工作的经历为贝尔发明电话机和麦克风积累了重要的经验。由于贝尔的妈妈是一名聋人，他的父亲就开发了一套可视化语音系统，来帮助聋人孩子学习说话。1872 年，贝尔在美国波士顿市开办了语言技巧和声音生理学校（见左图），利用他父亲开发的那套系统来为聋人学校培训老师。对人们发声和声音振动的研究，为贝尔发明电话打下了理论基础。

托马斯·爱迪生

一位多产的发明家，其重要贡献是发明了照亮世界的电灯

自我简介

- **生于**：1847 年
- **逝于**：1931 年
- **国籍**：美国
- **相关事实**：我拥有大约 1 100 项发明的专利。
- **概述**：我出生于美国俄亥俄州。到十二岁时，我因病而几乎成为了一名聋人。但是我毫不在乎，听不见声音让我反而更加专注于发明。

当电流通过细线（灯丝）时，它就会发光。

补充说明：我也拥有留声机和摄影机的发明专利。

亮起来

早期电灯灯泡中的灯丝太亮，在几小时后就会被烧毁。爱迪生做了 4 700 次实验，终于在 1879 年发现了合适的灯丝材料。他用碳做的灯丝可以连续发光 1 500 小时，这使得电灯第一次具有了实用价值。

电的革命

为了让爱迪生的发明更有用，人们需要充足的电力供应。于是，爱迪生发明了一种发电的方法，并将这些电通过导线送到千家万户和商业场所。1882 年，他在英国伦敦建造了第一家公共发电站——爱迪生电气照明发电站。八个月后，他在美国纽约建造了美国第一座发电站。到 19 世纪 90 年代，爱迪生在世界上数百个城镇建造了发电站，很快电就成为人们日常生活的一部分。

阿尔弗雷德·诺贝尔

将炸药用于和平的人

诺贝尔生前开发了爆炸的新方式，死后他的名字却用于促进和平和进步。

年轻的化学家

1833 年，诺贝尔出生于瑞典斯德哥尔摩市。他的父亲是一名工程师和发明家。1842 年，他们家搬往俄罗斯，因为他父亲在那里开了一家为沙皇军队制造装备的工程公司。17 岁时，诺贝尔被送到国外学习化学工程。

制造炸药

诺贝尔沉迷于爆炸研究，希望制造出一种更加安全的爆炸物。当时有一种特别的硝化甘油，这种爆炸物极不稳定且危险，如果你把它扔到地上，它就会爆炸。他把一种含硅的多孔材料和硝化甘油混合，结果制成了稳定且安全得多的爆炸物。诺贝尔称这种爆炸物为“炸药”，这种新发明令他变得特别富有。

他人对诺贝尔的影响

拉格纳·索尔曼（1870—1948）花了五年时间，将诺贝尔稍稍有些含糊的遗嘱转化为我们今天所熟知的诺贝尔奖。

贝尔塔·冯·苏特纳（1843—1914）是一名和平运动的推进者，她的重要影响让诺贝尔在遗嘱中加入了和平奖。

补充说明：
我认为炸药可以终结战争。我相信，当人们看到炸药的破坏力时，他们将害怕用它来进行彼此攻击。

环保人士旺加里·马塔伊是第一位获得诺贝尔奖的非洲女性。

通向和平之路

1888年，诺贝尔看到一份报纸刊登了他的死讯，他感到非常震惊。这篇新闻称他为“死亡的贩卖商”。事实上，当时是他的哥哥鲁维去世了，而新闻记者误以为是诺贝尔去世了。诺贝尔不想被人们以这样的方式记住，于是在他真的去世之前，他留下了绝大部分的财产来设置奖项，以奖励那些在和平和学问方面做出杰出贡献的人。这就是我们熟知的诺贝尔奖。

炸药被用来开矿以及建造隧道、铁路和公路。

诺贝尔奖探源

1901年，第一届诺贝尔奖颁发，奖项分为物理学奖、化学奖、生理学或医学奖、文学奖、和平奖。从那以后，诺贝尔奖成为推动世界进步的最重要的奖项。它促进了和平的发展，推动了科学和文化的进步。这一切，都是源于一份报纸的错误报道。

当一次实验出错时，诺贝尔的弟弟在爆炸中死亡。

诺贝尔对他人的影响

正是有了炸药的爆炸威力，许多重大的工程项目，如美国的胡佛水坝（1931—1936年建造），才有可能被建造出来。

让食品制作更容易

在并非很久以前，如果人们想要吃到食物，就得先种植。要吃快餐，也只能吃到生食。然而，下面这些人改变了这种情况。

那些让食物获取更便利的人

> **你知道吗？**
> 世界上第一批罐头是如此结实，以至于人们不得不用榔头来敲开它们。自那之后50年，才有人发明出开罐器。

彼特·杜兰德
（1766—1822）

当拿破仑战争在欧洲如火如荼地展开时，军队需要为前线士兵找到安全的食品储存方式。英国商人杜兰德听说法国人用玻璃瓶储存食物，并用加热的方法来消毒。然而，玻璃瓶易碎，为此杜兰德用锡罐代替易碎的玻璃瓶。

1810 年，杜兰德发明了世界上第一个锡罐

克拉伦斯·伯宰
（1886—1956）

美国发明家伯宰曾经在北极工作过。他注意到当地居民在捉到鱼后，迅速利用冰冷的风将鱼及时冻住。由于鱼被冰冻的过程很快，因此保持了原有的美味。当他回到美国纽约后，"复制"了在北极看到的方法，发明了速冻技术。

1924 年，伯宰发明了速冻技术

珀西·斯宾塞

（1894—1970）

斯宾塞是美国的一名工程师，他发明了能产生微波的机器。一天，他站在他的机器旁，发现口袋里的巧克力融化了。他接着尝试用这个机器做爆米花，也成功了。于是，他意识到可以用微波来烹饪食品，微波炉由此诞生了。

第一台微波炉出现于1947年，当时售价高达3000英镑

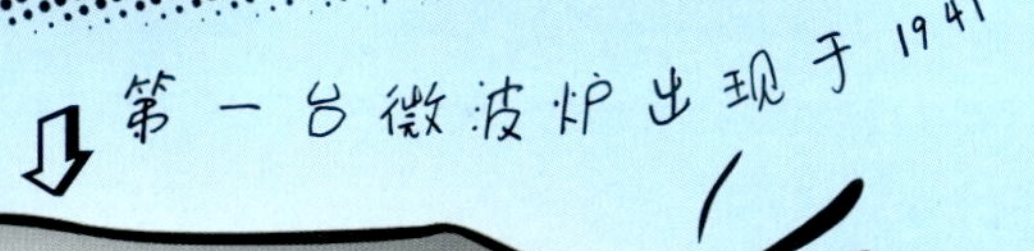

你知道吗？

如今，世界上有超过31000家麦当劳餐馆，分布于119个不同的国家。

雷·克罗克

（1902—1984）

从一位高中辍学生到一名成功的美国商人，克罗克因认为之前所谓的速食太慢而获得成功。他提出一个新的创意：如果他把亨利·福特的流水线制造技术引入到食品制作中，就可以让食品制作快得多。1955年，他用这个创意开了家小餐馆，并将之命名为“麦当劳”。

克罗克设法确保，在他的所有麦当劳连锁店中，“巨无霸”汉堡包的味道都要一样

伽利尔摩·马可尼

第一个无线电系统的发明者，诺贝尔物理学奖获得者

自我简介

- **生于**：1874 年
- **逝于**：1937 年
- **国籍**：意大利
- **相关事实**：我是一名工程师兼物理学家。
- **概述**：我出生于意大利博洛尼亚市。我上学的时候不是一名好学生，但是被科学尤其是电学所吸引。

无线电明星

在年轻的时候，马可尼读到海因里希·赫兹发现无线电波的文章。他设想，如果不用导线，而是用无线电波来传输信息。他开始用实验来验证自己的想法，很快用无线电波传输了钟声。1896 年，马可尼完成了第一次远距离无线电实验，他把信息通过无线电波传输到 1.6 千米外的接收器上。1897 年，他建立了马可尼公司。

当广播电台可以传输声音之后，马可尼的公司开始制造收音机。

补充说明： 当我在 63 岁去世时，全世界所有的广播电台停播两分钟，以此致哀。

早期的发报设备利用点和短线（即莫尔斯电码）来传输信息。

-- .- .-. -.-. --- -. ..

帮助泰坦尼克号求救

看到无线电的潜在优势后，英国和印度的海军采购了马可尼的无线电报系统。1901 年，他能跨越大西洋发送信息。1912 年，泰坦尼克号证明了马可尼无线电报的价值。当这艘豪华游轮即将沉没之时，船上的无线电报系统发送出了求救信号。附近的两艘船收到求救信号后赶来救援，结果救起了 700 位幸存者。

约翰·洛吉·贝尔德

发明了电视机而给世人增添观看乐趣的人

自我简介

- **生于**：1888 年
- **逝于**：1946 年
- **国籍**：英国
- **相关事实**：我是一名工程师兼发明家。
- **概述**：在我孩提时代，我就在卧室里建造了一台电话交换机，以便能够和朋友们通话。

补充说明：二十多岁的时候，我试图通过加热石墨的方式制造钻石，结果非但没有成功，还把格拉斯哥市的供电系统给弄短路了。

1930 年，贝尔德开始出售电视机。但是，针孔扫描的方法令这种电视机噪声很大。

电视明星

几十年来，科学家们都试图制造电视机。贝尔德的第一个样品十分粗糙，是由一些杂物制成的。然而，到了 1924 年，他居然设法完成了活动图像的短距离传输。1926 年，他向伦敦的五十名科学家展示了世界上第一台电视机。

机械电视机

贝尔德的电视机没有今天我们所熟知的电子装置，而更像是发条装置带动的机器。它采用了一个可旋转的圆盘，圆盘上镂出密密麻麻的小方洞。当圆盘旋转时，每个小洞扫描图像的不同部位。他的电视机精度不高，能输出微小的 30 线的活动画面，而如今的电视机输出的画面超过了 1 000 线。

莱特兄弟

动力飞行之父

补充说明：
我们以投掷硬币的方式决定谁先首次飞行，结果威尔伯赢了。然而，他还未升空发动机就熄火了。于是，历史书上记载的第一次飞行属于奥维尔。

这些先驱者完成了首次持续的动力飞行。在此之前，飞行是一种无用的创新。他们使得飞机很快就成为了运输工具。

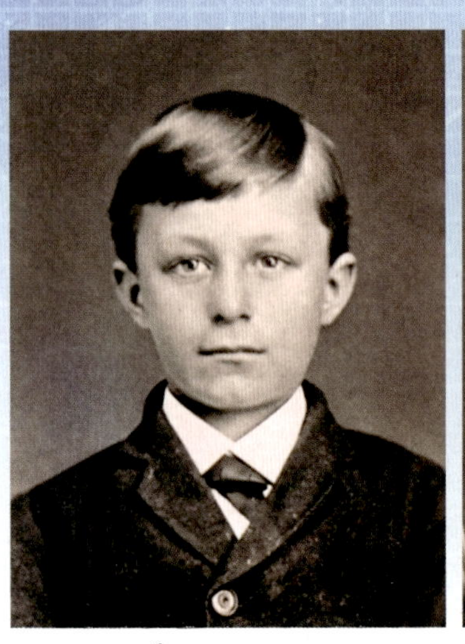

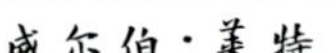
威尔伯·莱特

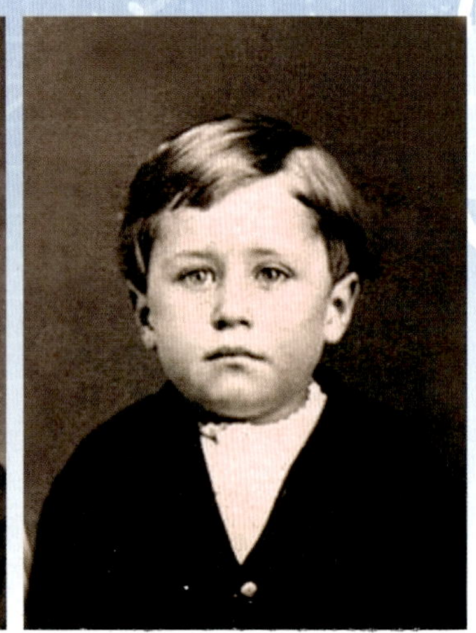
奥维尔·莱特

年轻的制造师

威尔伯·莱特在1867年出生于美国印第安纳州。他的弟弟奥维尔比他晚4年出生。在孩童时代，这两个男孩就沉迷于所有与机械相关的事物和有关飞行的设想。1895年，他们开始研制自行车，不久之后开始梦想建造属于自己的飞行机器。

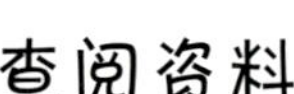

查阅资料

威尔伯写信给史密森尼亚研究院——一家位于美国华盛顿的知名博物馆，希望获得全部航空学（有关飞行的科学）的资料。兄弟俩一起研究鸟儿的飞行，并利用他们所了解的知识建造了一架滑翔机。他们建造了一个风洞来测试自己的发明。他们很快就意识到，如果要让自己发明的飞行机器进行长距离旅行，必须采用一些可以推动它前行的设计。

他人对莱特兄弟的影响

威尔伯曾读过航空先驱、德国滑翔机飞行员奥托·李林塔尔（1848—1896）的事迹介绍，并受此激励开始研制飞机。

奥维尔驾驶莱特飞行器升空。

往高处飞

莱特兄弟开始制造发动机，并模仿鸟儿翅膀的形状发明了一款具有叶片的新式推进器。1903 年，他们准备好测试动力滑翔机了。当年 12 月 17 日，奥维尔驾驶莱特飞行器成功升空。虽然他们的第一次飞行尝试仅仅进行了 12 秒，飞行里程只有 36.5 米，但是他们成功地实现了儿时的梦想。

越过天空

在莱特兄弟完成他们著名飞行的时代，轮船横渡大西洋需要 3 个星期。如今，乘坐飞机越过同样的距离只需要几小时。莱特兄弟的发明让世界各地变得更近，是人类飞向月球以及更远太空的第一步。

莱特兄弟对他人的影响

只有在英国工程师弗兰克·惠特尔（1907—1996）发明了喷气发动机后，才有可能制造出大型民航客机。

在奥维尔完成首次飞行的 58 年后，苏联航天员尤里·加加林（1934—1968）成为第一个飞向太空的人。

亨利·福特

改变世界汽车生产的人

亨利·福特是流水线生产的先驱，他把汽车从富人专享的奢侈品变为人人都可以享用的交通工具。

第一辆车

1863年，亨利·福特出生于美国密歇根州迪尔伯恩市。他成长于农场主家庭，从小喜欢装配、修理机器。1896年，他制造出第一辆无需马拉的车。之后，他拜见了发明家托马斯·爱迪生，后者鼓励他制造更多的车子。

为普通人造汽车

福特希望制造出人人都能买得起的汽车。1908年，福特汽车公司建立了生产T型车的流水生产线，这意味着他能更快地生产出比其他汽车公司更廉价的汽车。当时汽车的普遍售价是3 000美元，而T型福特汽车售价只有825美元。

在高峰时期，福特公司每24秒就制造出一辆T型福特汽车！

你知道吗？
福特通过提高薪水和减少工作时间的方式，创造出更好的工作环境。

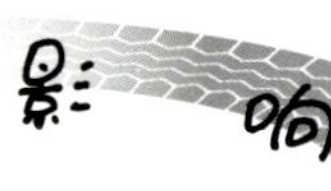

他人对他的影响

1804年，美国发明家奥利弗·伊文思（1755—1819）发明了名为“两栖挖掘机”的蒸汽动力陆行车。

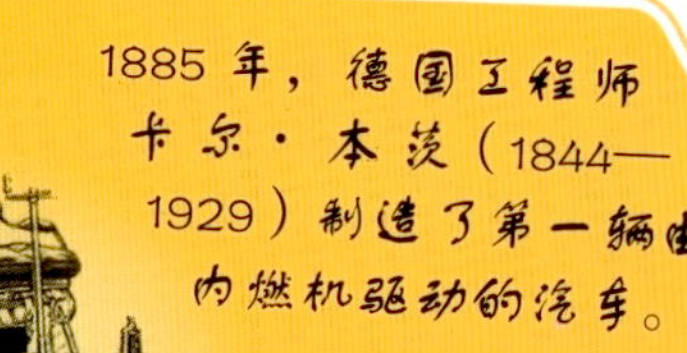

1885年，德国工程师卡尔·本茨（1844—1929）制造了第一辆由内燃机驱动的汽车。

集成装配

福特认为，老式的汽车生产方式效率太低。福特决定不再让一群工人集中围在一起装配一辆整车，而是每个人只装配一个部件，然后放到传送带上让下一个人装配另一个。在流水线的末端，一辆整车就装配完成了。福特的新技术大大缩短了汽车的装配时间，从原来的 12 小时缩短至 1.5 小时。

T 型福特车最初设计了多种颜色，包括绿色、红色、蓝色和灰色。在 1913 年之后，统一设计为黑色。

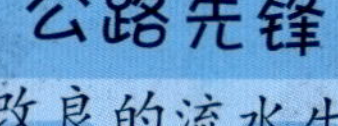

公路先锋

经福特改良的流水生产线引发了一场工业变革，他的技术沿用至今，不过现在流水线上增加了更多的机器人。他制造的 T 型车销量超过 1 500 万辆，开启了“汽车时代”。似乎在突然之间，世界各地的人都可以随心所欲地旅行。

T 型车因外观和用途的差异分为不同类型：旅行车、敞篷车、双座车、都市车、轿车等。

另外一个德国人戈特利布·戴姆勒（1834—1900）制造了第一台高速汽油发动机和第一辆四轮汽车。

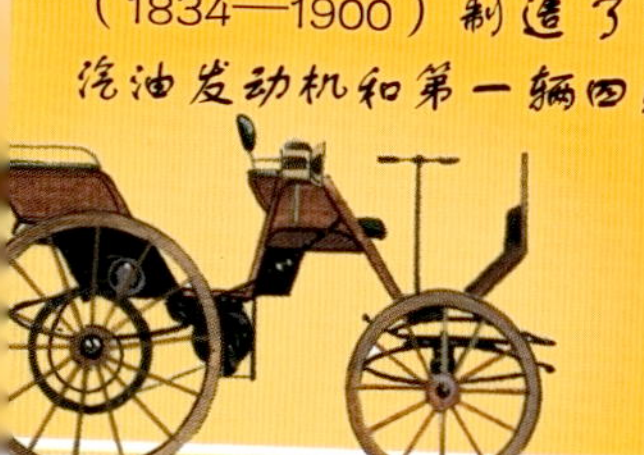

1901 年，美国发明家兰德索姆·奥尔兹（1864—1950）是利用流水线生产汽车的第一人。

斯蒂夫·乔布斯和斯蒂夫·沃兹尼亚克

发明了家用电脑的人

以前，个人电脑需要用户自己将各部件组装在一起，而且只有一些技能高超的人才懂得如何使用。然而，苹果公司改变了这种情况。

两个斯蒂夫

两个斯蒂夫都是美国加利福尼亚人，都成长于后来被称为硅谷的地区。沃兹尼亚克于1950年出生在森尼韦尔市，乔布斯于1955年出生在圣弗朗西斯科（旧金山）市。两人的第一次碰面源于一年暑假，那时乔布斯在惠普公司打工，而沃兹尼亚克也碰巧在那里工作。1976年，他们都辞去了工作开始研制“苹果”电脑。他们的目标是发明一种廉价且易用的电脑。

iPad是一种触摸屏电脑，可以让你上网、看电影、玩游戏和阅读电子书。

补充说明：
我卖了自己的大众牌轿车，而沃兹尼亚克卖了他珍贵的科学计算器。我们用这笔钱发明了第一代苹果电脑。

二进制是一套计算机语言，利用数字0和1来记录数据。比如，字母i用二进制表示是01101001。

他人对他们的影响

历史上第一台“计算机”由查尔斯·巴贝奇（1791—1871）发明于19世纪20年代。他那“与众不同的机器”可以进行数学运算。

1936年，阿兰·图灵（1912—1954）设计出第一台现代计算机。该机采用了二进制，并用磁带记录数据。

在苹果一代电脑出现之前，电脑不过是一堆线路板和开关。

iMac 中的 i 代表了 Internet（互联网），因为它是最早一批可连接互联网的电脑。

补充说明：
对于苹果的早期产品来说，我是产品设计的技术骨干和核心人物。1981 年，我因飞机失事而在短期内失忆，之后我离开了苹果公司。

家用电脑的诞生

沃兹尼亚克在拆除了一部计算器后，认识到微芯片是制造廉价电脑的关键。仅仅在辞去工作之后的几个月时间内，他们就开发出属于他们自己的首批电脑——苹果一代。1984 年，苹果公司开发出麦金塔电脑，这是第一批具有图形用户界面的电脑，可以允许用户利用电脑绘图。

苹果“i”系列

在 20 世纪 90 年代，其他公司个人电脑占据了计算机市场的主要份额，苹果公司的发展陷入困境。苹果公司需要一些创新性的产品来赢得用户。1998 年，他们发布了集成显示器的电脑。2001 年，iPod上市，很快就成为最畅销的音乐播放器。2007 年，iPhone 上市，很快就成为最畅销的手机。2010 年，他们发布了平板电脑 iPad。

苹果的影响

早期的苹果电脑奠定了家用电脑的工业标准。近年来，苹果公司发布的创新性时尚产品，大大地改变了我们的交流方式。

微芯片用在了几乎每一个电子装置中。

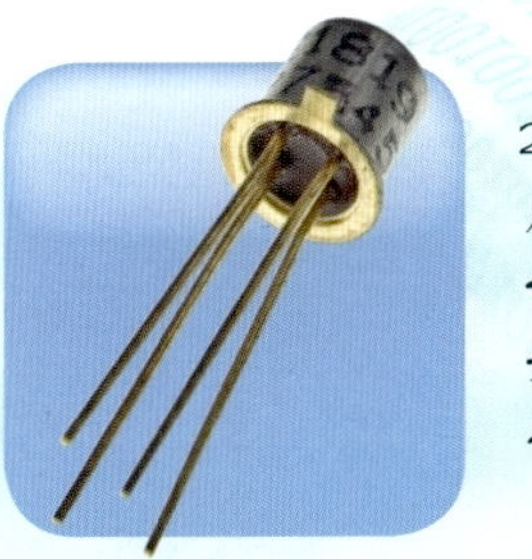

20 世纪 50 年代，晶体管的发明是现代电子产品设计的一次重大革新，令廉价电器变得可行。它被用来放大和开关电子信号。

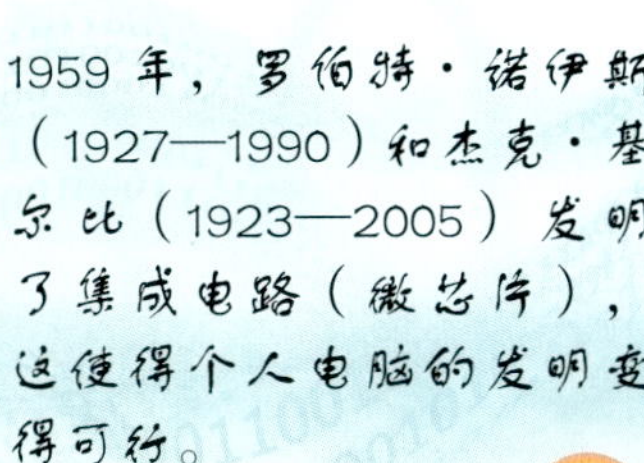

1959 年，罗伯特·诺伊斯（1927—1990）和杰克·基尔比（1923—2005）发明了集成电路（微芯片），这使得个人电脑的发明变得可行。

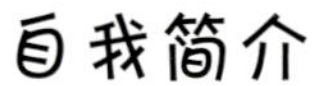

自我简介

■ **生于**：1955 年

■ **国籍**：英国

■ **相关事实**：我是一名计算机科学家。

■ **另一事实**：我在牛津大学时曾因当黑客而被捕过。

■ **概述**：作为一名软件工程师，我曾在瑞士日内瓦的欧洲核研究组织（CERN）工作过。

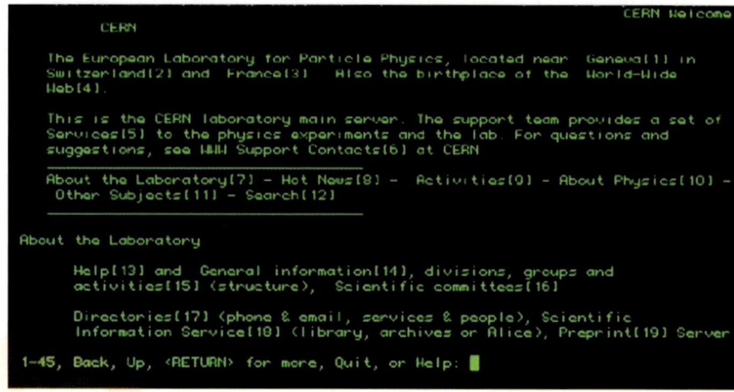

补充说明：我的发明本可以让我变得非常富有，但是我还是选择了让人们免费使用因特网。

发明万维网

1991 年，蒂姆发明了万维网，于是人们可以轻松地获取储存在因特网上的信息。他建立的第一个网站并不令人印象深刻，所选用的颜色只有黑色和绿色，但是这项发明永久地改变了人们获取信息的方式。

创建一个网页，并把信息上传到服务器。

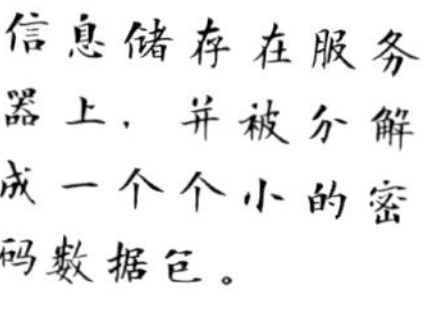

信息储存在服务器上，并被分解成一个个小的密码数据包。

网络浏览器解开这些数据包，并把内容显示在浏览器上。

有利于网络交流

因特网发明于 1969 年，最初仅用于连接美国不同大学之间的计算机。二十多年后，蒂姆发明的万维网是一个真正的超链接文件（即网址）的搜集系统。蒂姆还发明了世界上第一款网络浏览器，这是一种计算机程序，允许人们利用网址进行查找、浏览和互动。

蒂姆·伯纳斯·李

用万维网把世界连在一起的计算机专家

马克·扎克伯格

因创办了社交网站“脸谱”（Facebook）而变得非常富有的年轻人，他让人们在网上交朋友

我是一名色盲患者。由于我分不清红色和绿色的差异，所以我创建的“脸谱”大多采用蓝色。

自我简介

- **生于：** 1984 年
- **国籍：** 美国
- **相关事实：** 我的卧室是“脸谱”（Facebook）的第一个总部。Facebook的原名叫“The Facebook”。
- **概述：** 我出生于美国纽约州白原市，在校时就非常擅长科学学习。

神童马克

当马克只有十二岁的时候，他就发明了一款传递信息的程序，名为“扎克网”。他在上高中时，又设计了一款在线音乐软件，名为“突触”。在念哈佛大学时，他建立了名为“选脸”的网站，允许人们在网站上比较学生们的脸，并给他们的吸引力排序。

成功之脸

2004 年，马克创建了“脸谱”网。这个网站允许用户建立自己的文件夹，上传自己的照片，并和朋友相互交流。在开始的时候，这个网站仅仅为哈佛大学的学生提供服务。然而，马克和他的朋友很快就把用户扩展到其他大学，最终扩展到全世界。

个人资料：建立你的个人主页，以便你的朋友从中了解你更多的信息。

朋友：用这个菜单看你的所有朋友列表。

留言墙：在这儿你可以了解朋友的最新动态，也可以张贴自己的信息和照片。

事件：用事件页告诉人们即将进行的活动，如生日聚会。

深思熟虑的

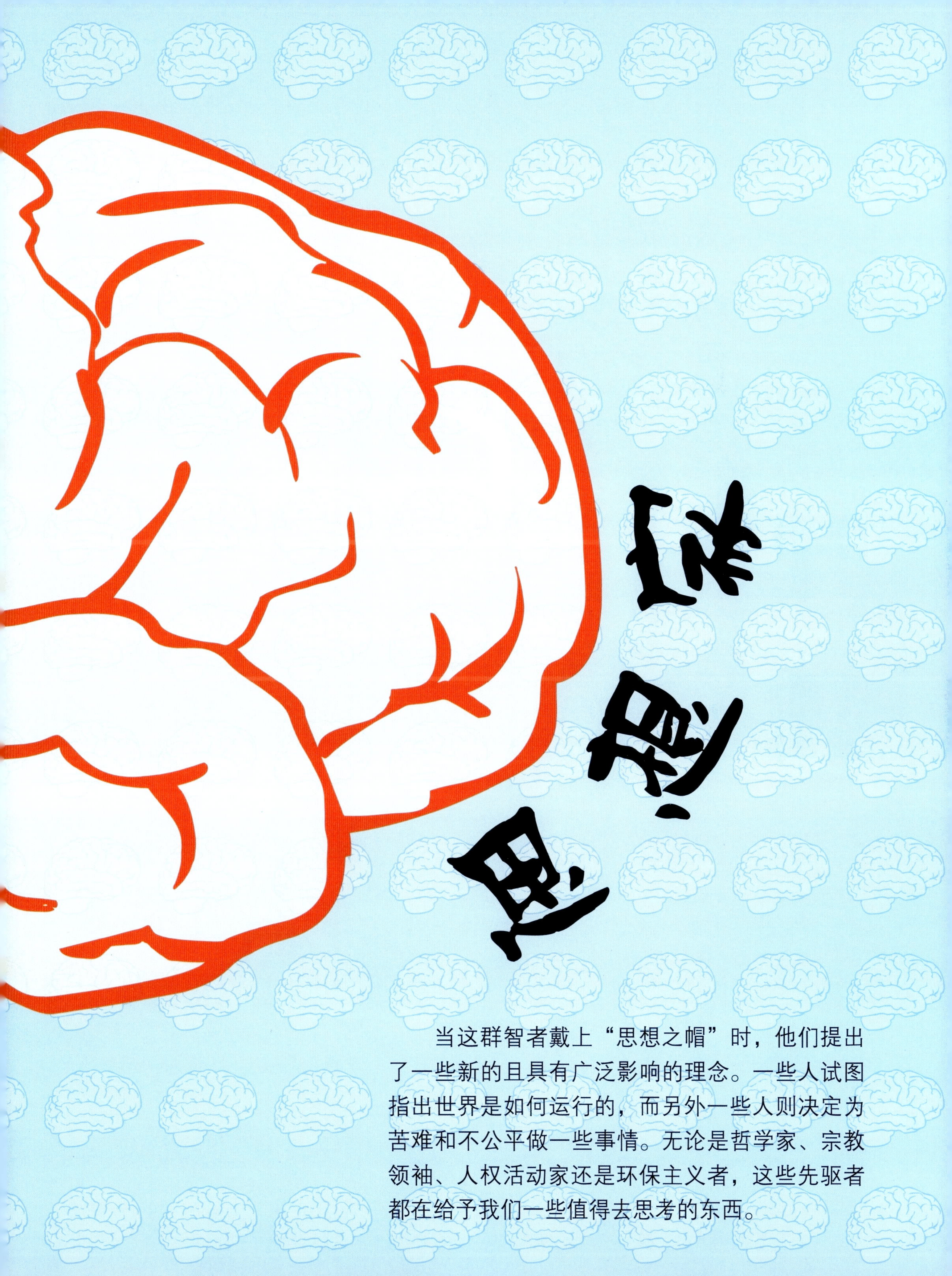

思想家

当这群智者戴上“思想之帽”时，他们提出了一些新的且具有广泛影响的理念。一些人试图指出世界是如何运行的，而另外一些人则决定为苦难和不公平做一些事情。无论是哲学家、宗教领袖、人权活动家还是环保主义者，这些先驱者都在给予我们一些值得去思考的东西。

孔 子

意外开启了新信仰的中国哲学家

孔子教育中国的统治者要更好地照顾老百姓。他那朴素却有力的思想对今天的政府仍有影响。

勉强维持生计

公元前551年，孔子出生于中国曲阜附近。他的家庭曾经是富有的贵族家庭，后来却在困难时期没落了。于是，孔子不得不相继从事多种职业以谋生，包括牧羊人和仓库管理员。

在他的课堂上，孔子鼓励学生通过提问的方式获取知识。

获取知识之道

在大约30岁时，孔子开始教书育人。他相信无论一个人的社会地位如何，都有接受教育的权利。他在家开办了一所学校，甚至允许一些较穷的学生和他一起生活。孔子也曾担任鲁国的低级别官员，但是他很快开始为自己为官时所看到的现象而担忧。

他对他人的影响

哲学家孟子（前390—前305）发展了孔子的理论，并提出人们有权推翻不公正的统治者。

秦始皇（前259—前210）统一了中国，成为中国历史上第一位皇帝。他也修建了中国的长城。

在周游列国期间，孔子吸引了大量的学生和追随者。

禮 仁 義 智 信

礼是做事符合规范行为的品德

仁是具备怜悯心和仁爱之心的品德

义是待人接物正直和诚实的品德

智是具备知识和学问的品德

信是具有忠诚和忠心的品德

以身作则

孔子意识到政府腐败无所不在。统治者为所欲为，甚至用奴仆来测试新武器。孔子开发出一套新的道德密码，称为"五常"（五种最基本的道德和品行：礼、义、仁、智、信）。他相信一个社会要幸福和富足，必须要有好官员所支撑的好政府。他辞去了官员的职位，花了十二年时间一边周游列国一边教学，招收了大量的学生和追随者。此后他成为了鲁国的司寇（国家最高司法长官），用他自己的方法来消除犯罪和骚乱。

意外的信仰

到公元前136年，孔子思想成为中国的国家信仰，即儒教。在超过2 000年的时间里，中国官员必须先通过基于孔子理论的考试。甚至到了今天，许多国家政府和宗教团体还受到孔子哲学的影响。

中国哲学家和学者朱熹（1130—1200）丰富和发展了儒家思想，极大地影响了中国统治者。

美国第三任总统托马斯·杰斐逊（1743—1826）在撰写美国的《独立宣言》时，也参考了孔子的哲学思想。

亚里士多德

探寻世界奥秘的哲学家

这位古希腊哲学家是柏拉图的学生，是亚历山大大帝的老师，人们称他为“现代科学方法之父”。

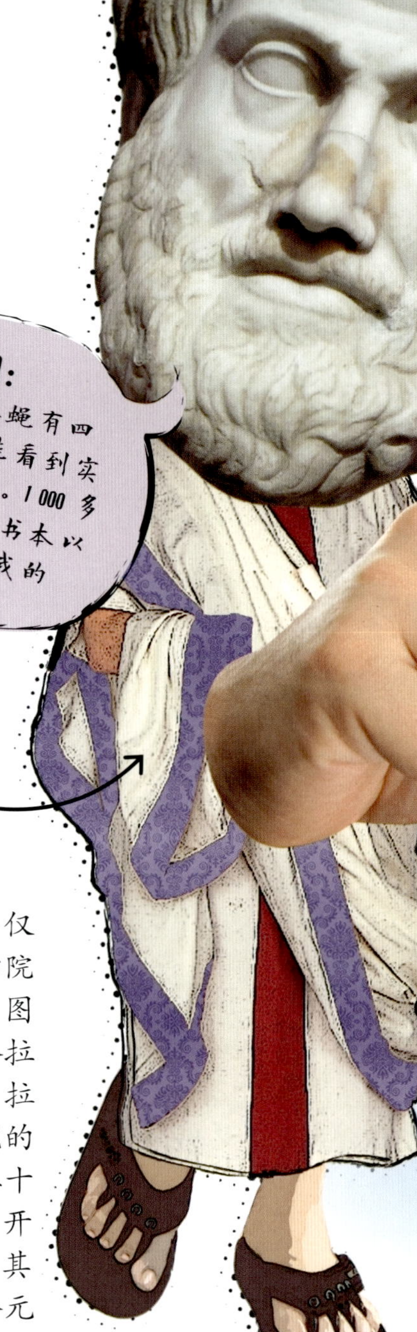

亚里士多德身穿简朴的古希腊长袍，就像把一块长方形的布裹在身上。

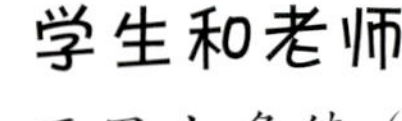

求知若渴

亚里士多德在公元前 384 年出生于希腊的斯塔基拉。他的父亲尼可曼修是马其顿国王阿明塔斯的宫廷御医，要不是他的父亲在他刚刚十岁时就去世了，他肯定会继承父亲的衣钵。他一生都在孜孜不倦地追求知识。

学生和老师

亚里士多德（图中着蓝衣者）年仅十七岁就进入位于雅典的柏拉图学院学习。柏拉图（前 429—前 347，图中着红衣者）是古希腊哲学家苏格拉底（前 469—前 399）的学生，柏拉图把这个学院变成了希腊学术研究的中心。亚里士多德在那里学习了二十年，柏拉图去世之后亚里士多德离开了雅典。公元前 342 年，他到了马其顿，当上亚历山大大帝的老师。公元前 335 年，他返回雅典，开办了自己的吕克昂（LYCEUM）学府。

他对他人的影响

在吕克昂学府，亚里士多德的继承人是泰奥弗拉斯托斯（前 371—前 287），他是植物学的先驱，2 000 多年来对无数科学家产生了深远的影响。

穆斯林哲学家艾·肯迪（801—873）受到亚里士多德著作的启迪，在伊斯兰科学及思想界引发了一场革命。

寻找自然法则

亚里士多德运用苏格拉底的逻辑法，试图寻找出世界运转的规律。他用易于理解的方法将植物和动物分类，例如他将动物按照是否有红色血液分为两大类，然后再将其划分为不同的物种。

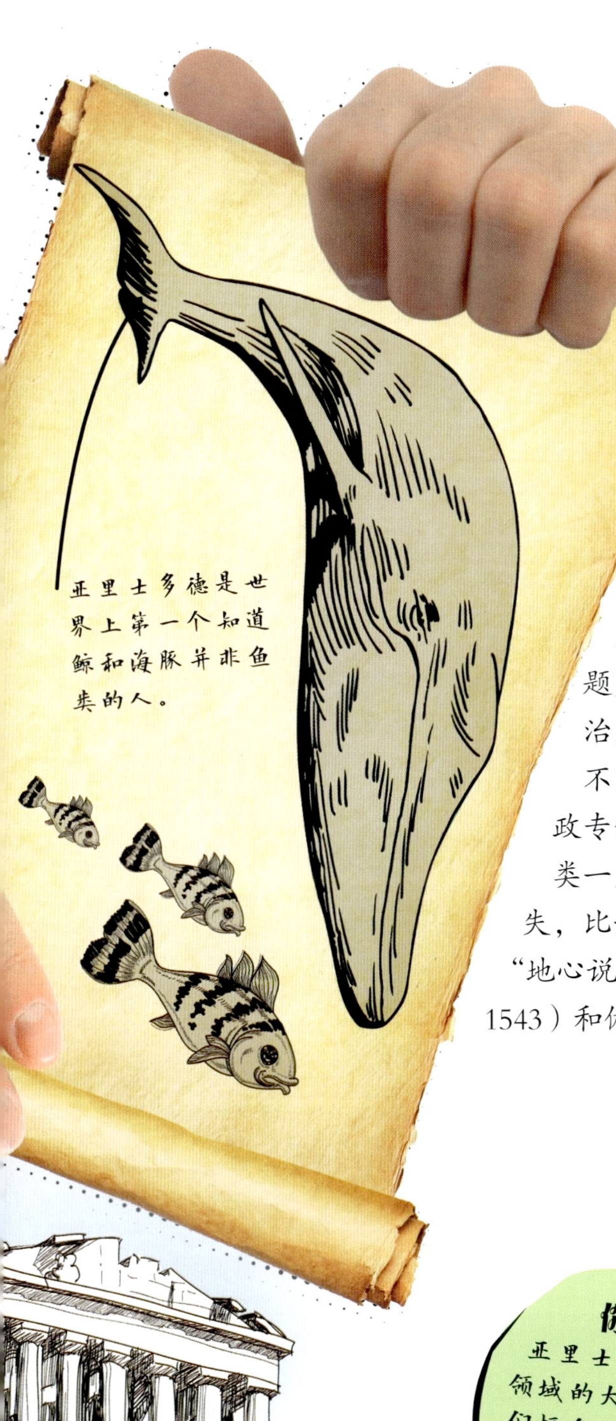
亚里士多德是世界上第一个知道鲸和海豚并非鱼类的人。

亚里士多德讲话有些结巴

伟大的思想家

亚里士多德知识渊博，他的著作课题广泛，从诗歌到戏剧，从道德到政治。他运用其逻辑体系将政府划分为不同的政治体制，归类为君主制、暴政专制、民主制和共和制等等，这些分类一直沿用至今。然而智者千虑必有一失，比如他认为地球是宇宙的中心，提倡“地心说”，直到很久之后哥白尼（1473 — 1543）和伽利略（1564 — 1642）才对这一论点提出质疑。

这是伽利略于1635年画的一幅画，图中虚拟了历史上几位伟大的科学家在一起讨论天文学的场景，左边的是亚里士多德，中间的是托勒密（90-160），右边的是哥白尼。

你知道吗？

亚里士多德作为在许多领域的大思想家而受到人们怀念，但他轻视妇女，崇尚男尊女卑，认为妇女不应享有任何法律和政治权利。

科学的先驱

亚里士多德一生勤奋治学，著作等身，他的著作是古代的百科全书。他用逻辑论取代了神秘论，他创立了动物学。他强调观察和实验，为现代科学方法的创建铺平了道路。

亚里士多德曾经受到伊斯兰思想家的非议，阿维洛伊（1126—1198）捍卫了亚里士多德的理论，并成为一名伟大的科学家。

意大利神父托马斯·阿奎那（1225—1274）接受了亚里士多德的思想，成为西方世界最有影响的哲学家之一。

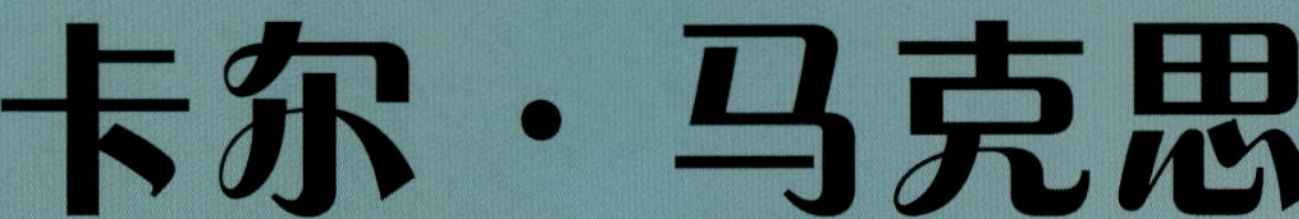

卡尔·马克思

把革命理论传递给无产阶级的人

自我简介

- 生于：1818 年
- 逝于：1883 年
- 国籍：德国
- 相关事实：我死后我的思想才被广泛认知。
- 概述：我生于德国特里尔。最开始我是新闻记者，但却思考着人类的一些根本问题。

一个崭新的社会

马克思指出资本主义社会（在这一社会中人们为追求利益最大化而工作）由富人掌控，他们只维护自己的利益，而无产者只能受到剥削。他为无产阶级提供了一条新思路：在他创造的社会模型中，每个人都能公平地分享到社会创造的各种物品和财富。这就是有名的共产主义社会。

Das Kapital

1867 年，马克思在他的著作《资本论》中发表了自己的看法。

人民革命

马克思主义在俄国革命中获得了第一次伟大胜利。1917 年，俄国无产阶级推翻了俄国沙皇。新的国家领导人列宁，以马克思主义为基础建立了无产阶级专政政权。1922 年，俄国变成了苏维埃社会主义共和国联盟。

自我简介

- **生于**：1856 年
- **逝于**：1939 年
- **国籍**：奥地利
- **相关事实**：德国纳粹党非常憎恶我的理论，他们烧毁了我的书籍。
- **概述**：虽然我是家里八个孩子中的老大，但是我确信自己是母亲的最爱。

西格蒙德·弗洛伊德

探索患者意识的心理学家，试图解开梦之奥秘的人

梦的力量

弗洛伊德认为梦是意识的窗口。他认为，潜意识（我们自己不能控制的那部分意识）用一些象征符号来代替人们期望或害怕的事物。比如，在梦中出现的国王和皇后可能代表着你的父母。

谈话治疗

弗洛伊德相信，一个人的童年经历会影响到他成年后的生活。他提出了精神分析的方法：让一个人谈论他过去的经历，弗洛伊德可根据这些经历找到精神或心理问题的根源。

在谈话过程中，弗洛伊德的患者躺在沙发上。

补充说明：

我说过，意识可以分为本我、自我和超我，每种意识代表人性的不同部分。

自我简介

■ **生于**：1805 年
■ **逝于**：1881 年
■ **国籍**：牙买加
■ **相关事实**：我获得过英国、法国和土耳其的奖章。
■ **概述**：我的父亲是英国士兵，而我的母亲是黑人，这使得我有一张混血的面孔。

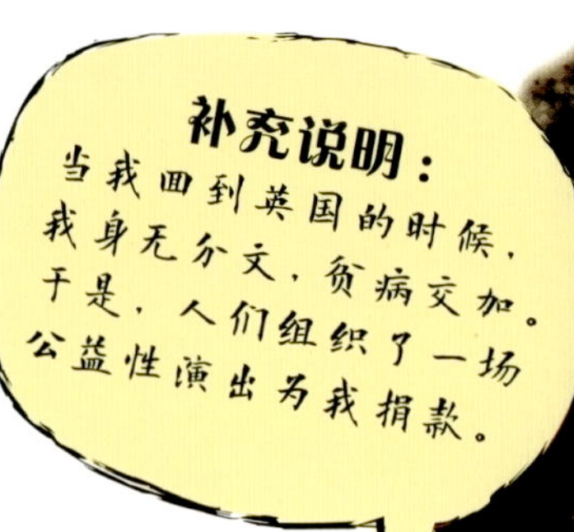

玛丽·希科尔

像南丁格尔一样是护士的先驱，在克里米亚战争中照顾伤员，但是得到的认可很少

果断的护士

玛丽从曾经照顾过伤兵的母亲那里学习到医药知识。1853 年，当她听说克里米亚战争中缺乏护士时，她去伦敦成为了一名志愿者。可能是由于她的肤色，她没有被选上。但是，玛丽确信自己能帮上忙，于是自己想方设法到达了东欧的克里米亚。

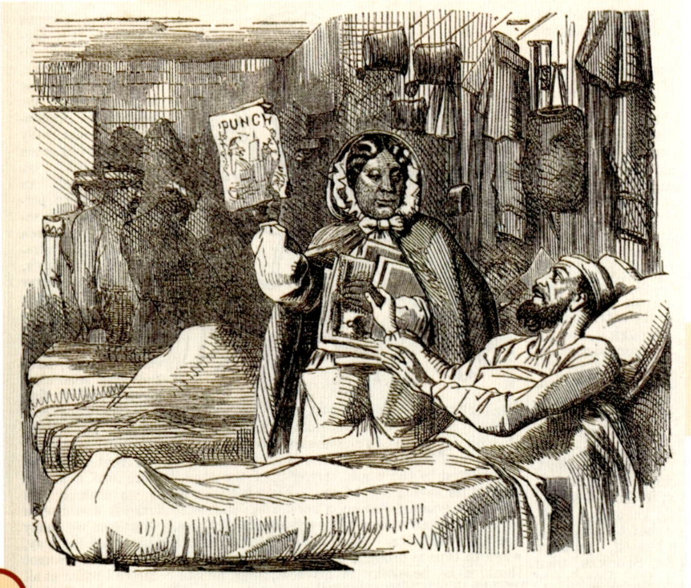

希科尔妈妈

尽管没有资助，希科尔还是利用捞到的浮木、废旧的木箱和铁片搭建了一所医院。这所医院成为了伤兵之家。在战争中，她甚至到前线去护理伤兵。她那巨大的勇气和护理技巧令她像南丁格尔一样有名，后者却因为玛丽低下的社会地位和混血身份而看不起她。她护理过的患者亲切地称她为希科尔妈妈。

埃莉诺·罗斯福

社会活动家，20世纪最有影响力的女性之一

在1935—1962年，埃莉诺连续撰写了多期报纸专栏《我的日子》。

补充说明：
1948年，人们希望我竞选杜鲁门总统的副总统，但是我对此并无兴趣。

自我简介

- **生于**：1884年
- **逝于**：1962年
- **国籍**：美国
- **相关事实**：我的丈夫是美国总统。
- **概述**：十五岁时，我被送往英国伦敦念高中。该校的女校长让我学会了独立思考的重要性。

热心的第一夫人

1933—1945年，埃莉诺的丈夫富兰克林·罗斯福担任美国总统。在这段时间里，埃莉诺通过报纸专栏来表达她的主张和观点。她负责创建了国家青年局，这个机构帮助男女青年接受职业培训。在第二次世界大战期间，她负责召集国内志愿者，并访问了美国的海外驻军。

1946年，埃莉诺和联合国人权委员会的成员在一起。

联合国大使

1946年，埃莉诺成为联合国人权委员会第一任主席。两年后，她负责起草了《联合国人权宣言》。这份宣言主张每个人都拥有平等的自由和权利。她也支持以色列的独立。她还尽力在冷战期间和苏联开展谈判。

圣女贞德

挑战英国的少女

在历次战役中，贞德都带着一面有"金针菜"（一种黄色的百合花）图案的旗帜。

大多数十几岁的孩子会为整理房间而怨声载道，而十七岁时的贞德已经带领法国军队对抗英国了。

村姑

圣女贞德在1412年生于法国东北部的一个名叫栋雷米的村庄。她的父母是农民，因此贞德没有受过学校教育。九岁时，她的家乡受到了英国人的侵略，贞德痛恨这些侵略者。

补充说明：
我的一条腿在解放巴黎时曾被弩射伤，但这点小伤是无法让我离开战场的。

神奇的访客

十二岁的某一天，贞德宣称她在父母的农田中劳作时看到了神迹。她声称在田间遇见了大天使圣米迦勒、圣凯瑟琳和圣玛格丽特，他们告诉她应该把英国侵略者赶出法国。

他人对她的影响

法国皇帝查理七世（1403—1461）在1429年给予贞德统帅法国军队的权利。

少女战士

贞德在17岁时将她的意图告诉了法国军队，说服了法国统治者，并得到了皇太子查理的支持。她带领军队解救了被英军围困很久的城市奥尔良，并再接再厉打了一个又一个令人吃惊的胜仗。

不幸被处死

贞德的幸运终结于贡比涅战役，她被勃艮第人俘虏，并被卖给了英国人。她以异教徒的身份接受审判并被定罪。1431年，十九岁的贞德在法国鲁昂被绑在柱子上烧死了。

民族英雄

即便你不相信神迹，贞德的故事依然会给你留下深刻印象。她的行动激发了法国人的民族自尊心，被视为勇气的源泉。

你知道吗？

在贞德被处死二十五个年头之后，教皇卡利克斯特三世宣布她是无罪的，并追封她为殉道者。

1429年意大利诗人克里斯蒂娜·德·皮桑（1363—1430）以贞德的成就为题材，写了第一首赞美诗，增添了贞德的传奇色彩。

1920年，教皇本笃十五世（1854—1922）宣布贞德是圣女。如今，她已经是天主教有名的圣徒之一。

马丁·路德·金

种族平等的捍卫者

金是一名美国牧师，他是美国黑人的代言者，是民权运动的领袖。

从牧师到抗议者

1929 年，马丁·路德·金出生于美国佐治亚州亚特兰大市，并受培训成为一名牧师。然而，在 1955 年，当一位黑人妇女罗莎·帕克斯因在公共汽车上未给白人让座而被逮捕后，他带头发起了民权运动，为争取黑人的平等权利而斗争。

补充说明：
在美国华盛顿的林肯纪念堂前，大约有二十万人聆听了我的演讲。我演讲的题目是“我有一个梦想”。

分区的社会

20 世纪 50 年代的美国正处于种族隔离的时代。许多黑人没有选举权，并被驱赶到隔离的住所。在许多地方，比如公园、卫生间、戏院和饮水器处，都会出现“有色人种”“白人专用”等具有种族隔离意思的标志。

他人对他的影响

19 世纪的美国总统亚伯拉罕·林肯（1809—1865）废除了美国的奴隶制度。

为梦想而斗争

在罗莎·帕克斯遭到逮捕之后，金领导了抵制公交系统的运动。他组织群众性抗议活动，尽管他们的活动十分平和，但是还是遭到了攻击，金也因此被逮捕入狱。在获释之后，他于1963年在华盛顿领导了一次大规模的游行，当时他发表了一次演讲，其中比较著名的句子是：“我有一个梦想，我的四个孩子将在一个不是以他们的肤色，而是以他们的品格优劣来评价他们的国度里生活。”

在演讲中，金呼吁终结种族歧视。

激烈的结局

金的想法并不被大多数美国白人所接受，他的住所被人投掷炸弹，他被逮捕超过30次。1968年4月4日，他在美国田纳西州孟菲斯被刺客枪杀。他的遇害引发了美国一百多座城市的骚乱。

金和他的妻子同葬在童年时代的家乡附近。

金的梦想成真

1963年华盛顿大游行和金的激动人心的演讲，让民权运动成为政治家难以继续忽略的事件。1964年，种族歧视被确认为非法行为。同年，金成为截至那时最年轻的诺贝尔和平奖获得者。

罗莎·帕克斯（1913—2005）在公共汽车上拒绝为白人让座后，她成为民权运动的象征。

金曾被圣雄甘地（1869—1948）所激励。甘地领导了反对英国统治印度的“非暴力不合作运动”。

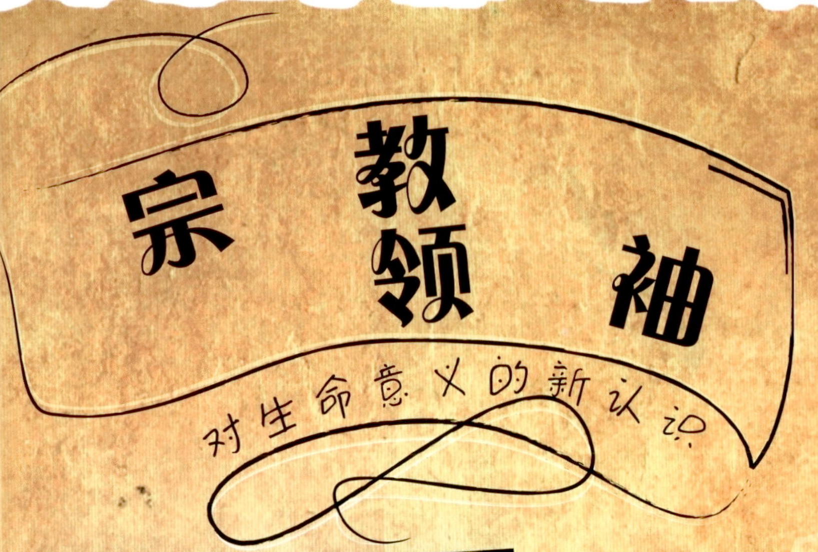

宗教领袖

对生命意义的新认识

佛陀、耶稣、穆罕默德和那纳克的教义，对人类历史和数十亿人的生活产生了巨大的影响。

释迦牟尼

（前563—前483）

据说释迦牟尼在一处宫殿（位于如今的尼泊尔）中逐渐长大时，发现世界上充满了衰老、疾病和死亡。他决定寻找人们受苦受难的答案和对生活真谛的认识。他试图过一种友善和有道德的生活，摆脱物质欲求的束缚。

这个轮子代表八正道（达到佛教最高境界的八种途径）

耶稣

（前4—30）

据说耶稣出生于罗马帝国的犹太人聚居的伯利恒城。在接受牧师约翰的洗礼后，他开始宣扬上帝的统治就要开始了。据说他治愈了病患，展示了神迹，宣扬忏悔和宽恕。罗马统治者因他是一个麻烦制造者而将他钉死在十字架上，但是基督徒相信他脱离死亡而永生。

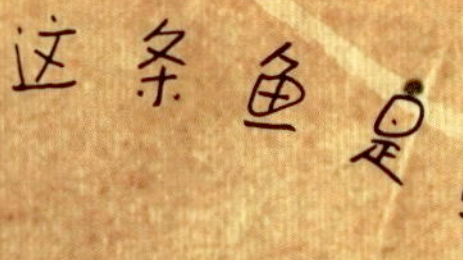

这条鱼是早期基督徒的秘密符号

穆罕默德

(570—632)

据说穆罕默德在麦加（位于如今的沙特阿拉伯）长大。穆罕默德接到了造物主安拉通过天使带来的启示，他也因此成为替安拉在人间布道的先知。尽管穆罕默德起初面临不少反对，他还是聚集了一大批追随者。于是，伊斯兰（阿拉伯语的意思是“顺从安拉”）教逐渐传播到全世界。

图片中显示的是穆罕默德的阿拉伯语名字。

新月和星星是伊斯兰教的标志

古鲁·那纳克

(1469—1539)

古鲁·那纳克出生于南卡纳（位于今天的巴基斯坦）的一个印度教家庭。那纳克寻找真主的真理，并宣称有被带到天庭的经历。他开始教育人们深刻地认识到真主的教义比其他传统宗教更重要。他的追随者被称为锡克，意思是“门徒”。

这个标志表示上帝具有无所不在的、创造性的力量

埃米琳·潘克赫斯特

为妇女代言的人

补充说明：
并非每个国家都像我们那样需要为妇女权利而斗争。新西兰在1893年、澳大利亚在1902年就已给予妇女选举权。

在妇女普遍受到忽视的时代，埃米琳·潘克赫斯特不但让人们看到自己的精神力量，还让人们听到了自己的心声。

抗争的起点

埃米琳在1858年出生于英国曼彻斯特市。她成长的家庭具有激进政治的传统，她的丈夫理查德·潘克赫斯特也支持妇女权利，曾经撰写过一份允许已婚妇女保留私人财产的议会提案。

获得影响

1889年，埃米琳发起了妇女参政权协会，主要是为妇女争取选举权。1903年，埃米琳成立了更加激进的妇女社会和政治联盟。这个联盟很快就以一些激进的活动而出名，其成员被一家报纸开玩笑地称为“妇女参政论者”。

妇女参政论者的标志色是紫色（象征尊严）、白色（象征纯洁）和绿色（象征希望）。

他人对她的影响

尼可拉斯·德·科多塞（1743—1794）和奥兰普·德·古日（1748—1793）在法国主张妇女权利。

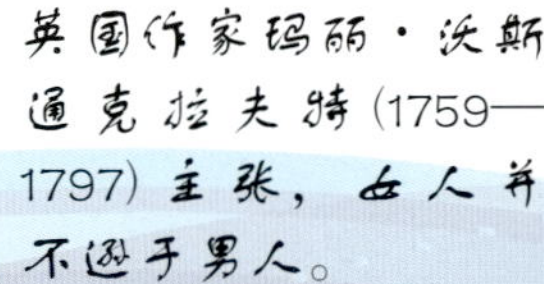

英国作家玛丽·沃斯通克拉夫特（1759—1797）主张，女人并不逊于男人。

妇女选举权

一场硬仗

妇女参政论者可是什么事情都做得出来——她们击碎玻璃窗，放火烧建筑，绝食抗议。埃米琳多次被逮捕，她本人也曾参加绝食抗议。在1913年的一次抗议中，一位名叫艾米莉·戴维森的妇女参政论者在赛马比赛中，躺倒在国王的马前，结果被马活活踩死。

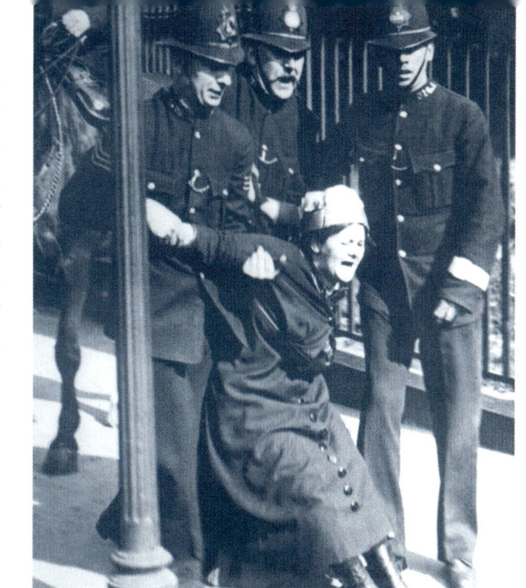

最终成功

在第一次世界大战期间，英国男人外出打仗，后方妇女不得不接替男人的工作。1918年，超过30岁的妇女获得选举权。十年后，就在埃米琳刚刚去世后，女人获得选举权的年龄被提前到21岁，与男人获得选举权的年龄一样。

监狱看守接到命令，给那些绝食的妇女参政论者灌食，以免她们饿死在狱中。

妇女的代言人

埃米琳·潘克赫斯特以及其他女权运动倡导者，确信女人拥有和男人相同的权利。如今，英国妇女从18岁开始就拥有了选举权。在美国，妇女在1920年就拥有了相同的权利。

凯特·谢帕德（1847—1934）领导了新西兰的女权运动，她令新西兰成为第一个赋予妇女参政权的国家。

美国活动家苏珊·安东尼（1820—1906）到世界各地演讲，主张妇女权利。

珍妮·古道尔

保护黑猩猩的活动家

珍妮·古道尔花了45年研究野生黑猩猩，向人们展示了一个和我们十分类似的黑猩猩的世界，其类似程度超过以往任何人的想象。

走进非洲

1934年，珍妮·古道尔出生于英国伦敦。在很小的时候，她就梦想在野外研究动物。在二十六岁的时候，她来到东非贡贝国家公园研究黑猩猩。在注意到古道尔的观察技能和耐心后，古生物学家路易斯·里奇为古道尔的研究提供资助。

补充说明：

不像其他研究人员，我给所有我研究的黑猩猩都取了名字。而其他研究人员只是给它们一个序号，因此他们和黑猩猩的关系不可能太亲密。

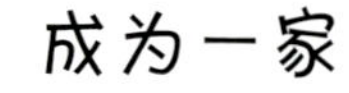

成为一家

起初，古道尔在与黑猩猩接触方面经历了很长一段困难期。当她试图接近它们时，它们就逃之夭夭。然而，几个月过后，黑猩猩们开始接受她进入领地开展研究。

他人对她的影响

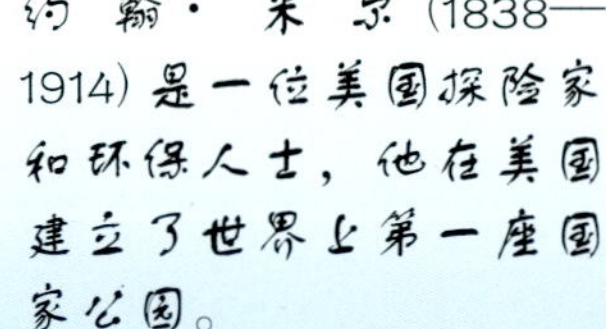

约翰·米尔（1838—1914）是一位美国探险家和环保人士，他在美国建立了世界上第一座国家公园。

惊人发现

在历经多年的研究和观察之后，珍妮认识到黑猩猩和人类有多么相似。她发现它们也有社会结构，会照顾朋友，甚至会进行战争。她也目击了黑猩猩利用岩石、树枝、树杈、树干和叶片制造工具的过程。

这些年轻的黑猩猩试图用岩石和树枝制造工具。

保护黑猩猩

为了保护这些浑身长毛的朋友，她于1977年建立了珍妮·古道尔野生生物研究、教育及保护协会。这个组织开始持续研究野生黑猩猩，并致力于保护它们的家园。

一名兽医为乌干达恩加姆巴岛上的黑猩猩体检。这座岛是由珍妮·古道尔保护协会建立的黑猩猩保护区。

高级生灵

珍妮对黑猩猩的研究是野生动物领域内持续时间最长的研究。她的研究告诉我们，黑猩猩也有个性，生活在复杂的社会中，它们与你我并没有太大的不同。

你知道吗？

黑猩猩利用树叶像勺子一样舀水，也会用树枝掏取美味的虫子。

促进了全球生态保护意识的是美国海洋生物学家蕾切尔·卡森（1907—1964）。

美国动物学家黛安·福西（1932—1985）研究了高山大猩猩，并提出了保护它们的建议。

领袖

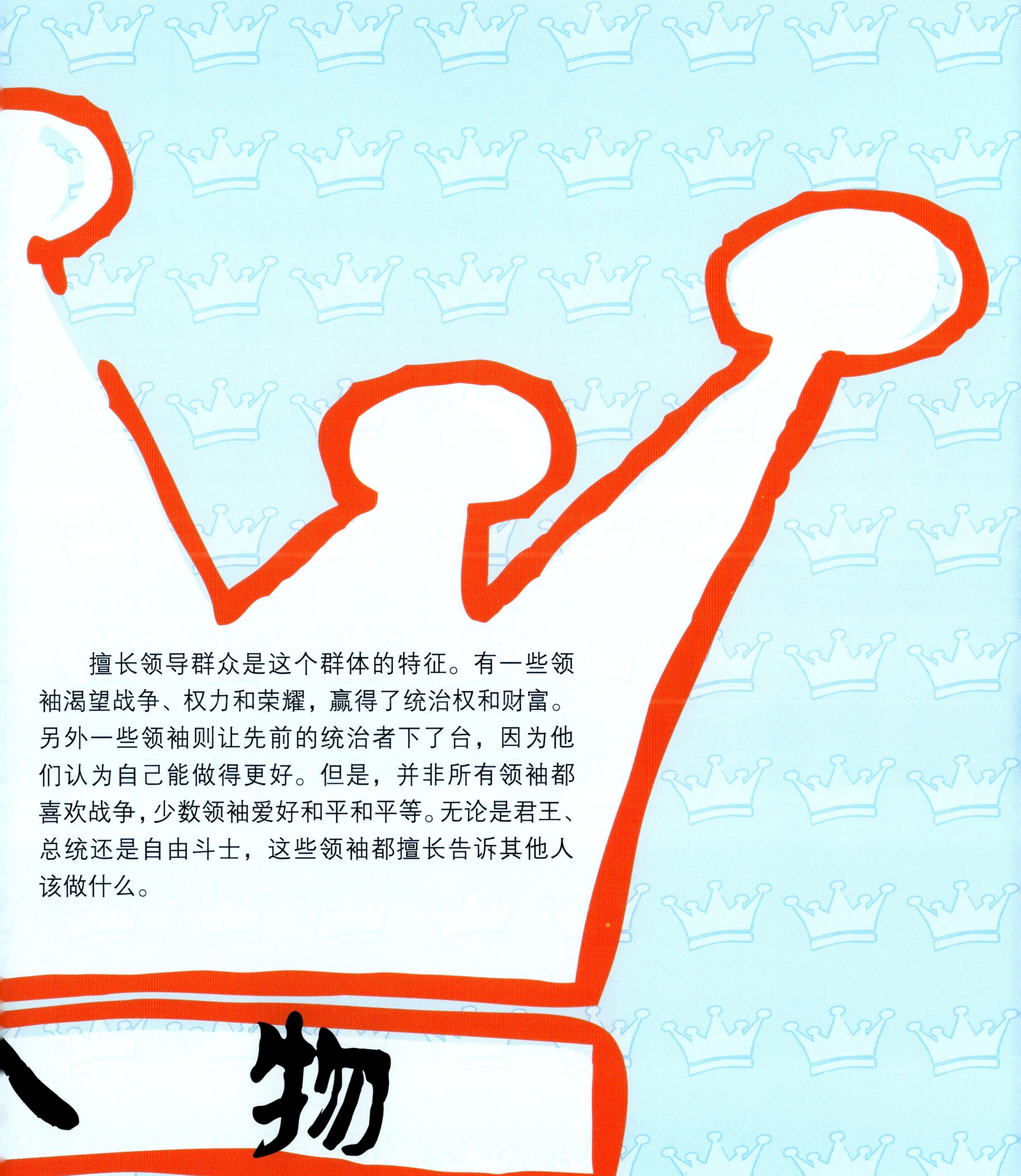

擅长领导群众是这个群体的特征。有一些领袖渴望战争、权力和荣耀，赢得了统治权和财富。另外一些领袖则让先前的统治者下了台，因为他们认为自己能做得更好。但是，并非所有领袖都喜欢战争，少数领袖爱好和平和平等。无论是君王、总统还是自由斗士，这些领袖都擅长告诉其他人该做什么。

亚历山大大帝

势不可当的“征战机器”

即位十年之后，亚历山大大帝就击溃了强大的波斯帝国，建造了七十多座城市，创立了横跨欧亚非三大洲总面积达五百多万平方千米的亚历山大帝国。

急性子的国王

亚历山大大帝在公元前356年出生于古希腊的马其顿王国。公元前336年，他的父亲菲利普二世遇刺身亡，年仅二十岁的亚历山大继承王位。刚刚平定了希腊的城邦之乱，他立即率军征伐庞大的波斯帝国。

补充说明：
我的两只眼睛颜色不同，一只是蓝色，一只是褐色。

他人对他的影响

菲利普二世（前382—前336）使马其顿变成强国，并改革了军队，令他的儿子征服天下成为了可能。

亚历山大大帝的恩师是希腊哲学家亚里士多德（前384—前322），他著述颇丰，其中一本书为《帝国论》，教导其弟子成为卓越的统治者。

"战争机器"

亚历山大大帝率领的大军所向披靡，横扫小亚细亚、叙利亚和埃及，最后在公元前331年的高加米拉战役中打败了波斯国王大流士。年仅二十五岁时亚历山大就一统天下，他不仅是马其顿国王，还当上了希腊的领袖、小亚细亚的最高君主、埃及的法老和波斯的国王。这幅地图显示了亚历山大帝国鼎盛时期横跨欧亚非三大洲的广袤疆域。

传说

作为历史伟人，关于亚历山大流传着许多神话和传说。传说有个预言说，谁能解开“高尔丁死结”，谁就能成为亚细亚王。亚历山大闻之心动，前去一看，连绳头都找不到。于是他抽出宝剑，死结迎刃而解。还有个神话说，亚历山大是众神之王宙斯的儿子。

你知道吗？

亚历山大大帝建造并命名了70多座城市，其中有不少是以他自己的名字命名的。

军事天才

亚历山大是个百战百胜的战略家，在公元前333年的伊苏斯战役中，他率领四万士卒抗击十万波斯大军。尽管在战斗中英勇负伤，他仍然率部下以少胜多，波斯国王大流士三世因此逃亡。

东西方交流

虽然亚历山大仅仅三十二岁就去世了，但是他遗留下的巨大帝国将西方文化传播到了印度，他所开辟的东西方商贸之路也持续了好几百年。

布西发尔乌斯（前335—前326）是亚历山大大帝的战马，他骑着这匹神驹驰骋沙场多年无往不胜。在这匹马于公元前326年死后，为了纪念他的爱马，亚历山大建立起一座城市并命名为布西发利亚。

托勒密（前367—前283）是亚历山大大帝的发小和忠诚的将军。亚历山大死后，托勒密当上了埃及的法老。

奥古斯都·恺撒

古罗马的开国皇帝

作为罗马的第一个皇帝，奥古斯都一举扫除了几百年来罗马传统的共和政体，以和平的君主制度取而代之。

年轻的武士

奥古斯都原名屋大维，公元前 63 年出生于罗马。他的叔祖父兼养父尤里乌斯·恺撒在公元前 44 年遇刺身亡，其遗嘱指定奥古斯都为他的继承人，当时奥古斯都年方 18 岁。他率军打垮了谋杀恺撒大帝的共和派贵族，之后又击败了原来的盟友马克·安东尼，控制了整个罗马。

罗马的第一公民

罗马人厌恶国王的统治，原来尤里乌斯·恺撒搞专制独裁，独揽大权不得人心。屋大维没有重蹈覆辙，他自称“第一公民”。他重组了罗马军队，军队的稳定确保他控制国家大权，也就使他能进一步扩大罗马帝国的版图。

奥古斯都利用钱币传播自己的图像。

他人对他的影响

罗马建立于公元前 753 年。根据神话传说，罗马是由战神玛尔斯的双胞胎儿子罗慕路斯和雷穆斯修建的。

公元前 509 年，卢修斯·朱尼厄斯·布鲁图领导推翻了罗马国王卢修斯·塔克文·苏佩布的残暴统治，建立起共和政体。

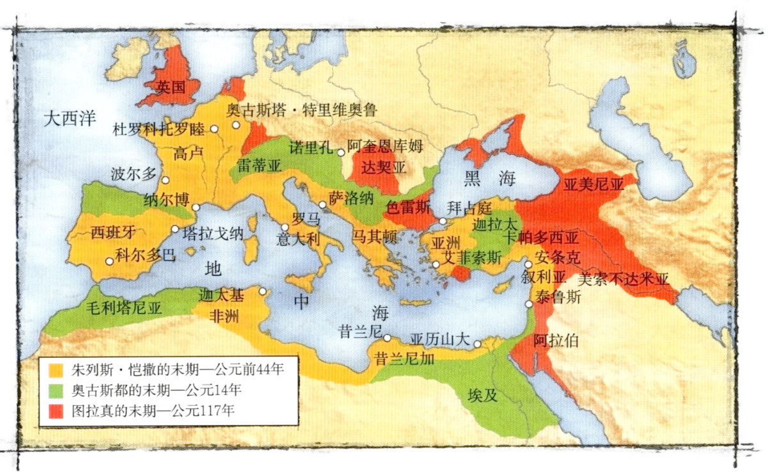

帝国缔造者

尤里乌斯·恺撒在公元前 44 年去世时，罗马帝国的疆域已经覆盖了地中海沿岸的大部分地区，还有法兰西以及西班牙的一部分。奥古斯都登基后进一步扩张。到了公元 14 年，罗马版图又增添了埃及、西班牙的剩余部分和中欧的大部分。他曾试图侵略德国，但遭遇了游牧部落的顽强抵抗并以失败告终。公元 117 年，在图拉真皇帝统治时罗马帝国达到了巅峰。

重建罗马

几十年的内战后，罗马城变得一团糟。奥古斯都动手重建罗马。他新修了许多庙宇，包括著名的万神庙（见右图）。他还翻修了几乎罗马所有的大建筑。他修复了这个城市的上下水系统。

最伟大的皇帝

许多人认为奥古斯都是古罗马最伟大的皇帝。他改革了罗马的税制，完成了庞大的交通网，促进了帝国通讯和邮政的发展。他还创建了警察队伍，建立了世上第一支消防队。他的统治开启了罗马的太平盛世，为持续 1 500 年的罗马帝国打下了坚实的基础。

大将军尤里乌斯·恺撒（前 100—前 44）搞独裁专制，使得古罗马的共和体制就此告终。

公元前 44 年，布鲁图和卡西乌斯暗杀尤里乌斯·恺撒引发内战。马克·安东尼（前 83—前 30）帮助奥古斯都在内战中获胜。

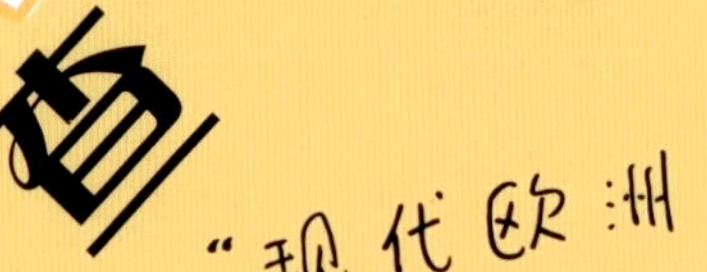

查理曼

“现代欧洲之父”

作为法兰克国的君主和西方基督教教皇，查理曼建立了现代欧洲。那也是他为何被称为查理大帝的原因。

那个将成为国王的人

查理曼生于742或747年，出生地位于现今的比利时列日市附近。他的父亲是法兰克国王“矮子”丕平。丕平死于768年，将王国留给了查理曼和他的兄弟卡洛曼。当他的兄弟于771年突然去世之后，查理曼成为法兰克王国的唯一统治者。

查理曼领导了53次战役，参与过数百次战斗。

补充说明： 在我之前，人们习惯用大写字母书写。我引入了一种名为卡洛林字体的小写字母，更加便于阅读。

基督战士

773年，教皇哈德良一世寻求查理曼的帮助，以驱逐教皇国的入侵者。他驱逐了教皇的敌人，并被授予“教廷保护者”的称号。利用教皇保护者的地位，他与西班牙北部的穆斯林战斗，并征服了现在德国、瑞士、奥地利和比利时的大片区域。

智者查理曼

查理曼组建了新的政府系统，以保障王国的统治秩序。此外，他还利用督察官来监督政府官员。他还统一了度量衡标准，以促进商业的发展。标准化之后，人们购物时就能够得到正确分量的商品。

他设计出一套包含镑、先令和便士的钱币。

他人对他的影响

公元800年，查理曼击退了针对教皇利奥三世（750—816）的反叛者。于是，利奥宣布查理曼为“罗马人的皇帝”。

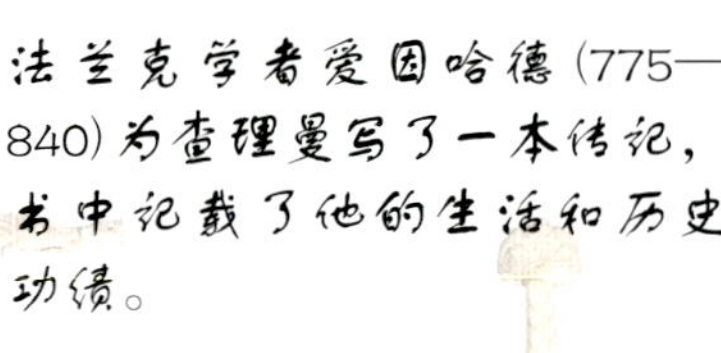

法兰克学者爱因哈德（775—840）为查理曼写了一本传记，书中记载了他的生活和历史功绩。

在1722年之前，查理曼的皇冠一直用于法国皇帝的加冕仪式。

伟大的教师

查理曼为法国只有少数人会读写而感到震惊，在当时的法国甚至大量的神职人员都是文盲。他召集英国和爱尔兰的学者来为法国修建学校。他还在亚琛（位于如今的德国）的宫殿里修建了一所学校，并把修道院学校的模式介绍到全欧洲。

查理曼会到访新建的学校，以确认那些学校达到了他的标准。

形成欧洲

查理曼统一了争吵和分裂的法兰克王国，为法兰西成为一个统一的国家打下了基础。在他的统治的激励下，一个更加进步的、有更高教育水平的欧洲出现了。

他对他人的影响

在800年被教皇加冕之后，查理曼把自己看作是罗马皇帝的继承人。他的继任者也都因“伟大的罗马皇帝”而出名，这个称号一直延续到1805年。

拿破仑（1769—1821）希望重现查理曼军队和政府的辉煌，以建造一个“现代”法兰西帝国。

非凡的女王

那些掌握王权的女人

许多王后都生活在国王的阴影之下，但是偶尔也有一些走出国王的阴影而成为传奇人物。

哈特谢普苏特

（前1508—前1458）

这位埃及传奇人物没有平淡之事。她曾经嫁给了同父异母的哥哥——法老图特摩斯二世。由于她的丈夫在很年轻的时候就去世了，哈特谢普苏特宣布她将成为新的法老。她像男人那样穿着打扮，甚至留了一撮假胡须。在她将近22年的统治里，埃及繁荣昌盛。

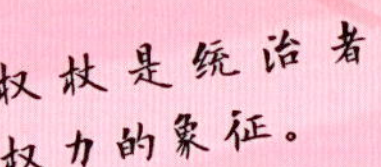

权杖是统治者权力的象征。

克娄巴特拉

（前69—前30）

这位埃及王后具有迷死人的美貌。她引诱了罗马统治者尤里乌斯·恺撒，并利用他除掉了法老——她的丈夫兼同父异母的哥哥。然后，她利用另外一位罗马统治者马克·安东尼杀死了她的同父异母的妹妹。

玛丽亚·特蕾莎

(1717—1780)

在她的父亲查理六世去世之后，玛丽亚成为奥地利帝国的女王。她重整奥地利军队，并引入了义务教育，这些措施将动荡的奥地利帝国引上正轨。她一生有16个孩子，其中包括两个皇后、多名公爵夫人和两个“神圣罗马帝国皇帝”。

叶卡捷琳娜

(1729—1796)

为了成为大帝，这位俄罗斯皇后起初除掉了她的丈夫——俄罗斯皇帝彼得三世。在她的统治下，俄罗斯进行了领土扩张，促进了教育和新的“启蒙”思想哲学。不幸的是，所有这些举措仅仅让富人受益，穷人们很可能认为她一点也不伟大。

维多利亚女王

(1819—1901)

维多利亚于18岁成为英国女王。她长得并不高大，但是在她执政的64年里，她统领了全球4.5亿居民，帝国领土占据全球四分之一。她的42个孙辈占据了欧洲大多数国家的王权，这为她赢得了“欧洲祖母”的昵称。

成吉思汗

世界历史上最强的征服者

在短短的 25 年时间内，成吉思汗征服的领土和居民比亚历山大大帝和拿破仑加起来的还多。

艰苦的童年

铁木真出生于 1162 年，他的父亲是一位本土部落首领，名叫也速该。在铁木真的父亲被杀之后，他的家庭被迫在蒙古草原上隐居，收入勉强能够维持生活。

迅速奔袭

蒙古军队依赖骑兵进行突袭。训练有素的骑射兵会迅速出现在敌方面前，猛射一阵然后扬长而去。蒙古军队每日能行进 60 多英里（100 千米）。

补充说明：
我的真名叫铁木真。“成吉思”是在我成为首领（汗）之后的名字，意思是“像大海一样广阔”。

在马匹四脚腾空时，骑射兵开始射击，这样可以避免因地面的颠簸而影响射击的准确度。

蒙古马配备了马蹬，这样有利于骑手更好地控制平衡。

他人对他的影响

王罕（逝于 1203 年）是铁木真父亲的结拜兄弟。在铁木真的父亲死后，他接纳铁木真为养子。

窝阔台汗（1186—1241）是成吉思汗的第三个儿子，他帮助成吉思汗扩展了蒙古帝国的版图。

强悍的征服者

在外流亡多年之后，铁木真召回了父亲的旧部，并统一了蒙古各个部落。1204 年，铁木真成为全蒙古的大汗，并开始为战争做准备。5 年之内，他的军队就占领了宋朝的部分领土。然后他们占领了西伯利亚、阿富汗和波斯帝国的部分领土。不少城市十分畏惧成吉思汗，常常在大军到来之前就投降了。

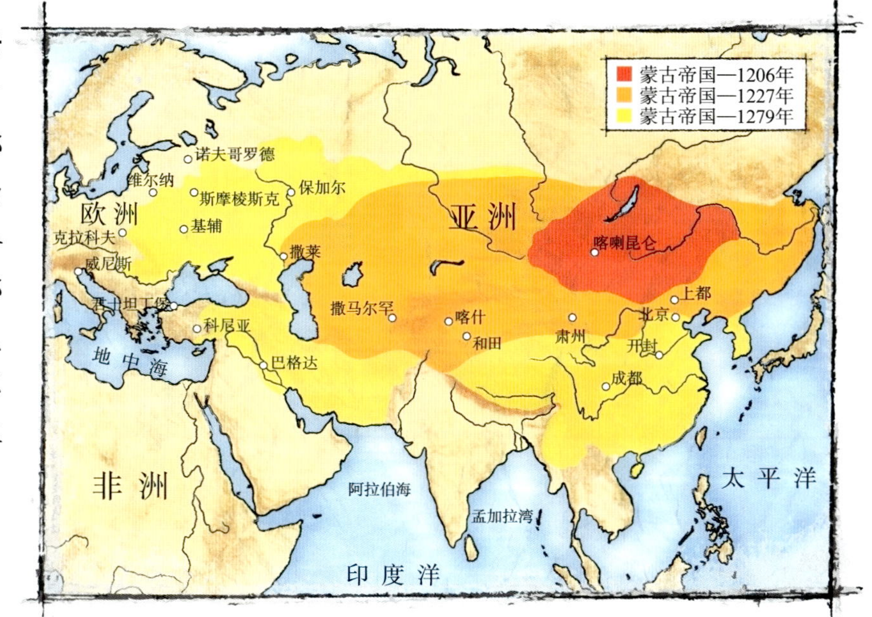

蒙古人居住在圆顶帐篷中。这种帐篷采用环形的木质框架，外面铺一层毛毡。

移动的战士

蒙古人是游牧民族，他们需要四处游荡。每位蒙古战士通常拥有三四匹马，用绳索把它们拴在一起。通过频繁地更换所骑的马匹，这些战士能进行长距离、快速奔袭。在每天休息的时候，他们搭建帐篷，并用狩猎觅食的方法来训练战斗技巧。

强大帝国

铁木真建立了世界上前所未有的大帝国。他鼓励各民族的信仰自由，建立了新的法律，并为原本是文盲的蒙古人创建了一套文字。不幸的是，在他的征服历程中，大约有 4 000 万人死于战乱。

他对他人的影响

成吉思汗的孙子忽必烈汗（1215—1294）建立了元朝，并成为中国的皇帝。

DNA 研究显示，当今世界上有 1 600 万人是成吉思汗的后裔。

萨拉丁

把耶路撒冷从十字军那里夺回来的人

萨拉丁是一位伟大的穆斯林领袖，他重新夺回了圣地耶路撒冷。尽管他具有无所畏惧的名声，但是他还是给予敌人应有的尊重。

在阿拉伯语中，萨拉丁的意思是“真理的正义”。

年轻的战士

萨拉丁在1138年出生于美索不达米亚（如今的伊拉克）。在他还是位年轻人的时候，他就帮助自己的叔叔施尔科——叙利亚苏丹（相当于总督）治下的一位将军，赢得了一场击退十字军的大胜仗。施尔科后来成为了埃及的统治者。在他去世之后，萨拉丁接替他成为新的埃及统治者。

十字军的名字源于他们佩戴的十字标志。

宗教战争

对犹太人、基督徒和穆斯林来说，耶路撒冷都是十分重要的城市。数百年来，阿拉伯统治者允许基督徒和犹太教朝圣者进入耶路撒冷。

他人对他的影响

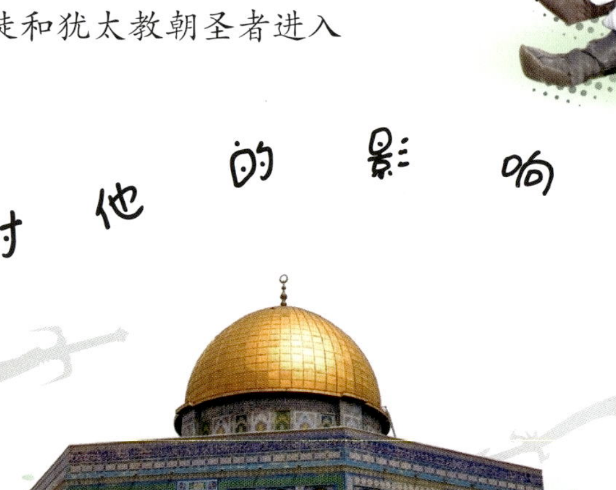

穆斯林相信，穆罕默德（570—632）是在圆顶清真寺登上天堂的。于是，萨拉丁把圆顶作为团结阿拉伯人的一个标志。

萨拉丁的复仇

1097年，在萨拉丁出生之前，十字军已经占领了耶路撒冷，杀害了众多的本土居民，获得了对这片圣地的控制权。萨拉丁宣布进行一场对抗十字军的圣战，决心为穆斯林夺回圣地。在1187年海廷的一场战役中，萨拉丁集结大批军队击溃了十字军，在耶路撒冷的十字军统帅居伊·吕西尼安被迫投降(如右图)。萨拉丁夺回了耶路撒冷。与十字军不同的是，他没有杀戮，而是允许居民和平地离开耶路撒冷。

补充说明：
当我听说理查德［狮心］发烧之后，我给他送去了桃、梨和从160千米（100英里）远的黑门山上取来的冰。

骑士风度

在穆斯林世界，萨拉丁因团结阿拉伯人和解放耶路撒冷而被铭记。甚至在欧洲，萨拉丁被人们当作具有骑士风度（英勇善战同时也宽厚仁慈）的人。事实上，有一部史诗专门记录了他的事迹。

你知道吗？
在经过一生的奋战之后，萨拉丁建立了一个从埃及延伸到北方的帝国，但是他去世的时候身无分文。

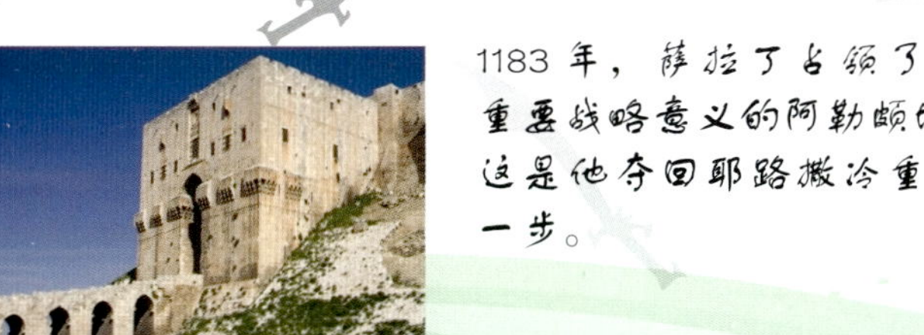

1183年，萨拉丁占领了具有重要战略意义的阿勒颇城堡。这是他夺回耶路撒冷重要的一步。

伊本·沙达德（1145—1230）为萨拉丁撰写了一本传记，名为《罕见杰出的萨拉丁传》。

马丁·路德

把基督教一分为二的人

马丁·路德是一名德国神父，他挑战了天主教的权威。

被上帝打动

马丁·路德在1483年出生于德国艾斯莱本市。他的父母希望他长大后成为一名律师，于是他在大学时主修法律。在一个风暴天，他差一点被闪电击中。他认为，那是上帝传递给他的信号，要他离开法律专业，于是他进入了修道院。

路德把他的“九十五条论纲”钉在德国威登堡教堂的门上。

反对贩卖

路德很快意识到当时天主教会的腐败。天主教的神父们到处兜售“赎罪券”，他们宣扬人们购买此券后就可以消除罪孽，从地狱进入天堂。1517年，路德罗列了他对天主教会的批评，他称之为“九十五条论纲”。他的思想很快就传遍了欧洲。

被教皇传唤

罗马教皇利奥十世不能容忍路德对教会的批评。于是，他传唤路德参加具有批判性质的沃尔姆斯会议。1521年，路德被宣布为罪犯和异端。

他人对他的影响

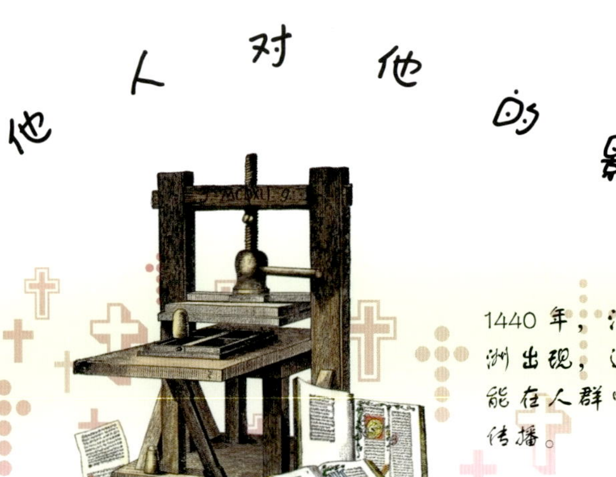

1440年，活字印刷术在欧洲出现，这令路德的思想能在人群中迅速、广泛地传播。

德西德里乌斯·伊拉斯谟（1466—1536）是一名荷兰神父，他也曾质疑过当时的天主教教会。

翻译《圣经》

异端是会被绑在刑柱上烧死的。路德不想被烧死，于是他躲了起来。1534年，他把《圣经》从拉丁文翻译成德文，于是每个德国人都有机会读到《圣经》。他甚至撰写了《圣经》的儿童版，便于父母来教育孩子。

路德教义至今仍然具有广泛影响。

你知道吗？

路德甚至坚信，在他死后他的译本和著作可能被烧毁。然而，这些作品却保存了下来。

教会分裂

在基督教发展的早期，天主教是主流。当路德的著作传遍欧洲之后，更多的人开始质疑天主教。路德的思想把基督教一分为二，新的教派现在普遍的中文译名是“新教”。新教的成立导致欧洲出现了长达一个世纪的宗教战争。路德的《圣经》新译本让人们更为便捷地获得教义，并可自由地进行传播。

他对他人的影响

法国神父约翰·加尔文（1509—1564）创建了新教的新分支——加尔文教派。

路德对《圣经》的翻译为世界上其他国家的译本铺平了道路。

革命领袖

那些打破旧制度的人

马克西米连·罗伯斯庇尔

(1758—1794)

这位法国政治家不喜欢贵族以及他们所代表的立场。于是，他在1791年成为了法国大革命的领袖，砍下了贵族们(包括国王和王后)的头颅。他的执政被称为“恐怖统治”，因为他把三万人送上了断头台。

国王是否限制了人们的自由？政府是否毫不作为？如果这样，人们就需要一场革命。但是，谁来领导这场革命呢？

玻利瓦尔的佩剑已经成为一个象征性符号

西蒙·玻利瓦尔

(1783—1830)

在南美洲，没有多少人的名气能超过西蒙·玻利瓦尔。作为一名军事和政治领袖，他设法把西班牙殖民者赶出了委内瑞拉、玻利维亚、哥伦比亚、秘鲁、厄瓜多尔和巴拿马。这使得西班牙统治者很不喜欢他，然而他却是拉丁美洲的英雄。

补充说明：
在我死后，我的遗体经过防腐处理后放入水晶棺。直到今天，我的遗体还放在莫斯科红场以让人们瞻仰。

列宁

(1870—1924)

作为布尔什维克的领袖，列宁是马克思主义的忠实追随者。1917 年，他领导了俄国革命，推翻了皇室（其成员后来被处决）的统治。他成为了第一个社会主义国家——苏联的领导人。

毛泽东

(1893—1976)

毛泽东是社会主义的另外一位标志性人物。他领导的解放军在 1949 年战胜了国民党，建立了中华人民共和国。他因缔造了新中国而深受中国人民爱戴。

在一段时间内，几乎每个中国男人都身穿中山装。

菲德尔·卡斯特罗

(1926—　)

卡斯特罗第一次尝试推翻古巴独裁者富尔亨西奥·巴蒂斯塔的统治，结果以失败告终，并被驱逐到墨西哥。当他结识阿根廷人切·格瓦拉 (1928—1967) 后，他们进行了另一场革命，于 1956—1959 年在古巴领导共产党获取革命成功。美国中央情报局曾经花了五十年时间试图推翻卡斯特罗的领导，结果失败了。

拿破仑·波拿巴

征服欧洲的人

拿破仑是一名军事天才，打了不少胜仗。他没花多长时间，就令整个欧洲仰视他的存在。

军人出身

1769年，拿破仑出生于法国的科西嘉岛。他十岁时到巴黎的一所军校学习，因为是外乡人，还带着科西嘉口音，他被周围人取笑。不过，他展现了优秀的军事指挥才能，十六岁就成为了炮兵军官，而且他的军衔晋升得非常快。

补充说明：
我占领被天主教统治的意大利之后，受到教皇庇护七世的谴责。于是，我把他送进了监狱。

白手起家的英雄

在法国大革命初期（1789—1799），当法国人民从帝国统治下获得解放后，拿破仑成为了民族英雄。1799年，他发动了雾月政变，推翻了革命政权，成为了法兰西第一共和国执政官。

他人对他的影响

查理曼（742或747—814）统一了四分五裂的西欧，建立法兰克王国，为后来的法兰西建国创造了条件。

马克西米连·罗伯斯庇尔（1758—1794）领导法国大革命，推翻了王权，并协助建立了法兰西共和国。

欧洲皇帝

拿破仑出发征服其他国家，1804年他为自己加冕，成为法兰西帝国皇帝。之后，所有法国周围的欧洲国家（除了英国），都成为帝国的一部分。1812年，他试图征服俄罗斯，但在那里遭遇惨败，被流放到远离意大利海岸的小岛上。后来，他重返法国并再次掌权，在1815年滑铁卢战役中被英军击败，再次被流放到大西洋南部的小岛圣赫勒拿岛。拿破仑1821年在那里逝世。

杰出的法学家

1804年，拿破仑用自己全新的《拿破仑法典》取代了陈旧的法国律法系统。老法律系统的基础是地方封建法规，过时又混乱，新法规就清晰、明确、公平得多了。

在短短八年时间里，拿破仑几乎统一了欧洲大部分地区。

持续影响

拿破仑的改革为法国的稳固奠定了基础，属于法国革命的一部分。《拿破仑法典》的诸多条例现在依然在法国应用，并成为拿破仑征服的众多国家的法律系统的基础。

法国上将安德万·西波利塔（1743—1790）的著作《军事战略》深深影响了拿破仑。

拿破仑被德国弗里德里希大帝（1712—1786）的《军事策略和国内改革》所鼓舞。

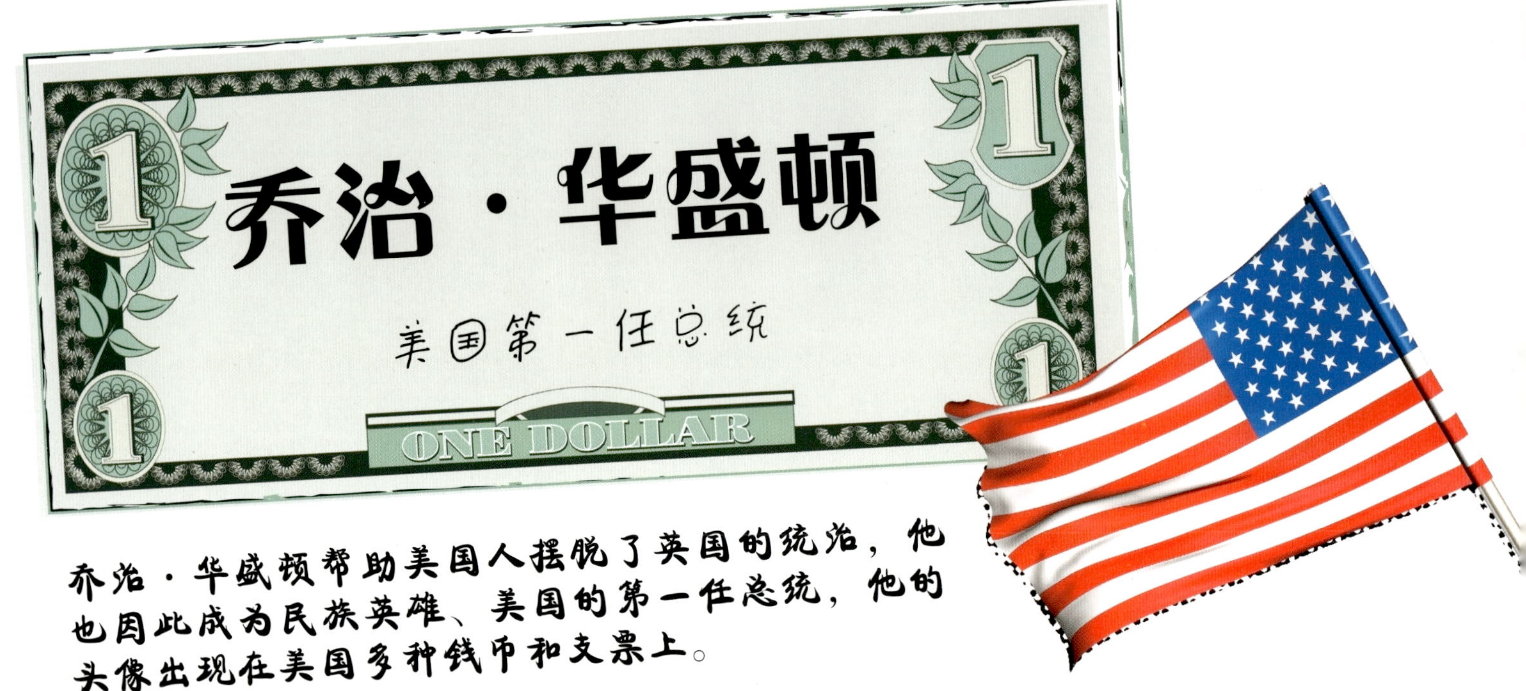

乔治·华盛顿

美国第一任总统

乔治·华盛顿帮助美国人摆脱了英国的统治，他也因此成为民族英雄、美国的第一任总统，他的头像出现在美国多种钱币和支票上。

在1776年圣诞节，华盛顿率领军队横渡布满浮冰的特拉华河，这次行动出其不意，结果击溃了英军。这是美国独立战争的一个主要转折点。

聪明的伐木工

1732年，华盛顿出生于美国弗吉尼亚州维斯特摩兰县。在他十一岁时，他父亲就去世了，因此他几乎没有接受多少正规的学校教育。但是，乔治擅长自我教育，他学会了伐木、地形勘测和绘制地图。这些本领在他参军之后都派上了用场。在二十岁时，华盛顿加入了弗吉尼亚军，这支军队当时是为英国统治者效力，主要对抗法国和美国本土的军队。

足智多谋的总指挥

英国统治者赢得了战争之后，他们以提高税赋来弥补战争开销。这是一项不得人心的举措。1776年7月4日，美国人宣布独立，并和英国人交战。华盛顿被推举为独立战争中美国军队的总指挥官。面对强大的英军，华盛顿不可能在任何一场正面交战中获胜。于是，华盛顿命令他的军队快速进攻，然后安全撤退。用这种突袭的聪明策略，他逐渐击退了英军。

你知道吗？

华盛顿曾经“闪婚”。他在认识玛莎·丹德里奇·柯蒂斯仅仅三个星期且仅仅见了两面之后，就向玛莎求婚。后来，玛莎成为了他的妻子。

他人对他的影响

商人、政治家约翰·汉考克（1737—1793）是第一个在美国《独立宣言》上签名的人。

补充说明：

在美国独立革命之后，我受到民众的普遍爱戴，以致一些人希望我成为美国国王。

华盛顿装有由弹簧支撑的假牙。这些假牙用牛牙和铁制成。

第一任总统

1781 年 10 月 19 日，英军在弗吉尼亚州约克敦镇宣布投降。美国人赢得了他们的独立，但是他们不得不面临的问题是如何治理自己的国家，为此美国人讨论不休。1787 年，华盛顿主持制订了美国宪法，为建立政府确定了依据。1789 年，他毫无疑义地被选举为美国第一任总统。

美国“国父”

由于华盛顿对美国建国起了巨大的作用，他常常被称为美国“国父”。对美国人来说，他不仅是一位战争和革命英雄，而且是一位正直诚实、责任感强、光明磊落的伟人。美国人通过多种途径来纪念他，其中包括把他的形象雕刻在拉什莫尔山上。

保罗·瑞威尔（1735—1818）帮助建立了英军来袭的警报系统。

亚历山大·汉密尔顿（1757—1804）是一名律师，帮助华盛顿组建了美国第一届政府。

圣雄甘地

敢于和大英帝国叫板的人

甘地是和平抵抗运动的偶像，他提倡用非暴力不合作的方式抗议英国政府在印度的统治，被世人称作“现代印度之父”。

早期斗争

甘地1869年10月2日出生于印度西部的博尔本达尔市。他到英国伦敦学习法律，毕业后当了律师。他在南非生活了20年，参加了当地印度移民争取生存基本权利的斗争。他多次被捕入狱，仍坚持不懈直到取得胜利。等他回到印度，甘地发现英国自1858年就对印度施行殖民统治，通过严苛的法律来控制印度人民。

补充说明：
我认为以暴制暴是愚蠢的行为，我曾说：“以眼还眼只能让整个世界变瞎。”

你知道吗？
甘地一生艰苦朴素，去世时只有10件遗物，包括一块手表、拖鞋、眼镜和饭碗。

他对他人的影响

美国民权活动家马丁·路德·金（1929—1968）发起反对种族歧视运动时，采用的就是甘地的非暴力不合作的方式。

强大的和平运动

为了反对英国在印度的殖民统治，甘地开始实行他的非暴力消极抵抗与不合作主义，其中包括不服从严酷的法律、抵制英国公司及英国货、在生活上尽可能简朴。他的追随者数以百万计。1930 年，为了反对新的盐税，甘地率领 5 万多人到海边游行示威。他身陷囹圄达 6 年之久，并曾经绝食抗议 21 天。他的终极目标是让印度获得自由和独立自治。

令人痛苦的胜利

1947 年，甘地终于取得胜利。英国同意印度独立，但是按照宗教实行印巴分治，即将原来的一个国家分成巴基斯坦和印度两个国家。印巴分治的做法十分不得人心，到处发生暴乱。甘地四处奔走竭尽全力稳定局势，却不幸于 1948 年遇刺身亡。

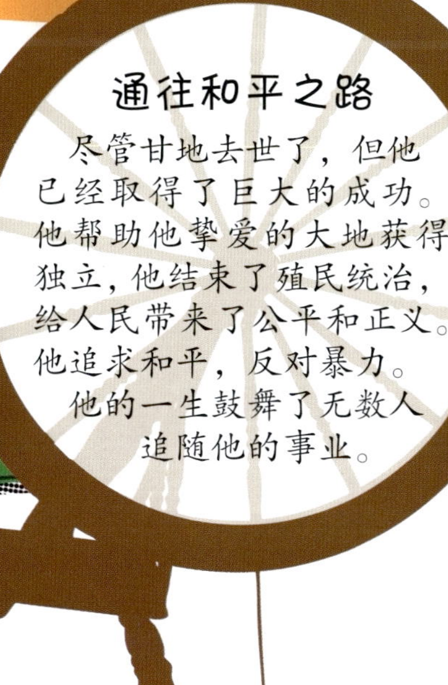

通往和平之路

尽管甘地去世了，但他已经取得了巨大的成功。他帮助他挚爱的大地获得独立，他结束了殖民统治，给人民带来了公平和正义。他追求和平，反对暴力。他的一生鼓舞了无数人追随他的事业。

甘地坐在手纺车上说，要鼓励人们自己纺纱织布，过简朴的生活。

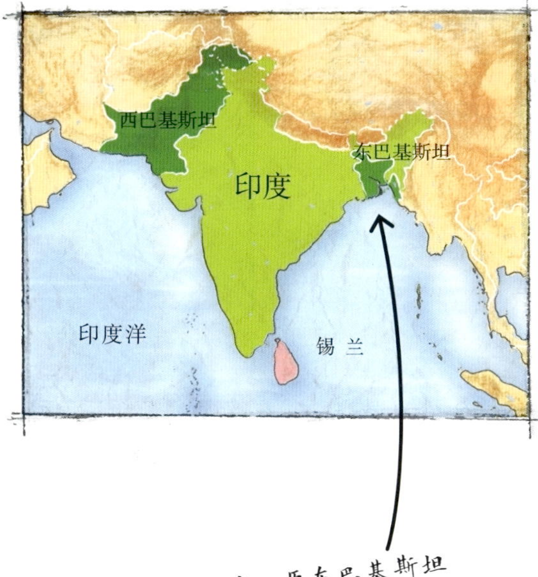

1971 年，原东巴基斯坦独立为孟加拉国。

纳尔逊·曼德拉（1918—2013）领导南非人民斗争，结束了种族隔离制度，成为南非第一任黑人总统。

邓小平

中国改革开放的总设计师，他亲手规划了中国经济的未来

自我简介

- **生于：**1904 年
- **逝于：**1997 年
- **国籍：**中国
- **概述：**我年轻时就开始信仰马克思主义，参加了中国共产党。我开创了一条有中国特色的社会主义道路。

对外开放

直至 19 世纪，中国还是世界上最大的经济强国之一。然而，后来由于来自国内外的各种因素的影响，中国的经济迅速衰落。邓小平决定振兴中国经济，他开展经济改革和对外开放，吸引外资，使中国恢复与全世界的通商往来。他还允许大批学生出国留学，学习当今最新的科学技术。

邓小平为落后的中国注入实现现代化的新动力。

民富国强

在邓小平的指引下，仅仅在 20 年时间内中国就从一个落后的农业国变成了经济实力比较强的国家。他改善了人民的生活水平。为了控制中国人口爆炸式的增长，他将计划生育定为国策。

米哈伊尔·戈尔巴乔夫

令苏联解体的人

自我简介

- **生于**：1931 年
- **国籍**：俄罗斯
- **相关事实**：我于 1955 年毕业于莫斯科大学法律系，于 1990 年获得诺贝尔和平奖。
- **概述**：我于 1985 年当上苏联共产党中央总书记，1990 年当上苏联总统。

苏联历史

德国哲学家卡尔·马克思（1818—1883）说，权力应该掌握在人民手中，财富应该平均分配。列宁（1870—1924）于 1917 年领导了俄国的十月革命。到了 1922 年，俄罗斯成为苏维埃社会主义共和国联盟（简称苏联）。之后在共产党领导下，苏联成为超级大国之一。到戈尔巴乔夫当政时，苏联的经济已经开始衰落。

激进的改革家

戈尔巴乔夫改革了苏联经济，给予苏联公民新的自由。他开放了与西方民主国家的对话。1987 年，他和美国签署了结束核武器竞赛的协议，这是冷战即将结束的一个标志。第二年，他又下令从苏联控制的东欧国家撤军。之后东欧剧变，原来的社会主义国家政府纷纷改变政体，接着是苏联解体。

纳尔逊·曼德拉

他让非洲回归人民

曼德拉（1918—2013）为反对南非的种族隔离制度而进行了长期艰苦卓绝的斗争，他的监狱生涯长达27年之久，他获得了最终胜利，并被选为南非历史上首位黑人总统。

年轻的活动家

罗利拉拉·曼德拉于1918年出生于南非的特兰斯凯，他的小学启蒙老师给他起名为纳尔逊。在获得律师资格后，他积极投身政治，参加了非洲人国民大会，力图从政治上改变南非。

为自由而斗争

1948年，南非的白人政府通过种族隔离法，将白人和黑人隔离开。曼德拉当上非洲人国民大会副主席后，开始和平抗议斗争。1960年，南非军警向抗议示威队伍射击并打死69人后，非洲人国民大会开展了武装斗争。南非政府取缔了非洲人国民大会，并以“密谋推翻政府罪”将曼德拉逮捕入狱。1964年，他被判终身监禁。

他人对他的影响

在狱中，曼德拉受到英国诗人威廉·亨利的诗歌《不可征服》的鼓舞：“我是我命运的主人，我是我灵魂的统帅。”

南非第一位黑人大主教德斯蒙德·图图（1931— ）和曼德拉一样是最热诚的反对种族隔离的活动家。

补充说明：

我的曾祖父叫努班库卡。他是统治南非滕布王朝的国王。

从阶下囚到大总统

在他铁窗内面壁的27年中，曼德拉成为全世界反对种族隔离的标志。1990年，对非洲人国民大会的禁令解除，曼德拉获释出狱。1991年，曼德拉当上非洲人国民大会主席。1993年他荣获诺贝尔和平奖。第二年南非举行首次多种族大选，曼德拉当选第一位黑人总统。

曼德拉是世界历史上获奖最多的人之一，曾获得250多个奖项。

民族英雄

曼德拉终生都在为南非黑人的自由而斗争。种族隔离终止后，百废待兴，有些过激的黑人想报复白人土地所有者，是曼德拉制止了这种做法，维持了国家的和平与安定。2009年，联合国宣布曼德拉的生日7月18日为“曼德拉日”。2013年12月6日，曼德拉因病辞世。

印度的政治活动家甘地的非暴力不合作主义，启迪曼德拉以非暴力的方式进行抗议。

沃尔特·西苏鲁（1912—2003）和奥利弗·坦博（1917—1993）是曼德拉进行反种族隔离斗争的志同道合的伙伴，他们都是非洲人国民大会的成员。

见识卓越的

创意人士

如果没有这些优秀的天才，我们的世界就不会是现在这个样子，他们用创意点亮了我们的生活。他们用小说、艺术、游戏、音乐、时尚以及电影、旅行来款待世人。感谢这些伟大的创作者，乏味无趣不再是生活的选项。

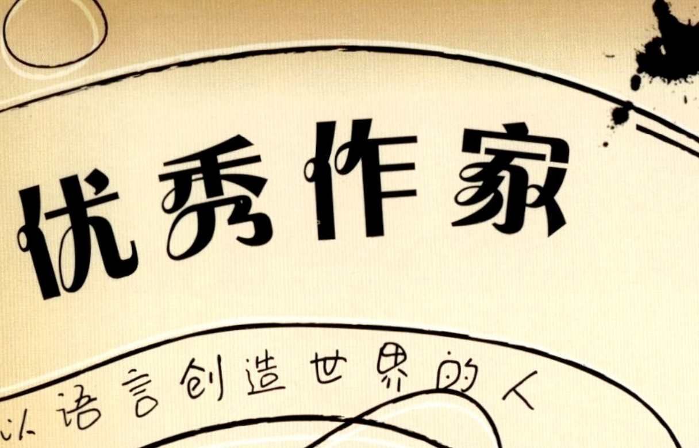

优秀作家

以语言创造世界的人

信不信由你，在《哈利·波特》问世之前，人类已经有了很长的写作历史。其中一些作者也是很棒的。

威廉·莎士比亚

（1564—1616）

估计许多校园里的孩子都会认为英文写作枯燥无比，但是莎士比亚却在自己的著作中创造了哈姆雷特、奥赛罗、李尔王和麦克白这些著名角色。他也是名副其实的词汇家，创造了我们沿用至今的近1 700个词语。

莎士比亚的妻子和孩子居然都是目不识丁的文盲。

伏尔泰

（1694—1778）

这名法国作家是个笔耕不辍的人。他一生写了2 000多本书及手册，令人难以置信的是他还写了20 000封信。他还用自己的才智批评国王和政府，因此他一生中大多数时间都被牢狱之灾的恐惧笼罩。

亚历山大·普希金

（1799—1837）

在普希金横空出世之前，俄国的书本有的比较枯燥。他抛弃了冗长繁琐的敬语模式，而改为应用人们日常所说的语言。从此，他的作品影响了俄国文学。

普希金37岁就去世了，死于一场决斗。

鲁迅

（1881—1936）

很久以来，中国有些故事的主角不是神就是英雄。而鲁迅则以寻常百姓的视角叙述他的故事，这让他的文字充满了力量，而且相当迷人。他被誉为“中国现代文学之父”。

弗吉尼亚·伍尔芙

（1882—1941）

这位著名的英国作家提供了一种崭新的叙述方式。她的故事因循人们的思维方式，用角色内心的声音讲故事，通过他们的思维形成意识风暴。

托马斯·库克

近代旅游业的先驱

补充说明：
我是在出游222天、总旅程超过4万千米(25000英里)的时候，才组织了我的第一次环球旅行。

在19世纪，度假的含义仅仅是吃一个冰激凌，或者就近在海滨划划船。直到托马斯·库克的出现，我们才发现世界有多么精彩。

戒酒宣传员

1808年，托马斯·库克在英国德比郡出生。他被父母培养成一名木匠，他还是一名虔诚的教徒。闲暇时会在地方戒酒协会帮忙，巡回各地向大众宣讲为什么不应该喝酒。

成功的旅程

1841年，库克为戒酒团体组织了一次570人参加的旅行。沿着新修好的铁路从莱彻斯特到拉夫堡，每位旅行者可以用一先令的价格享受旅程和一顿午餐。这次旅行组织得非常成功，库克意识到自己似乎开启了一扇新的大门。

你知道吗？
库克撰写的第一本旅行指南是告诉游客们怎样在利物浦游玩的手册。

他对他人的影响

弗拉基米尔·瑞特斯（1922—2010），是首位组织包机旅行的俄国假日旅行社创始人。

西班牙贝尼多姆的佩德罗·萨拉戈萨（1922—2008）是首位将自己的城镇变成假日度假胜地的行政长官。

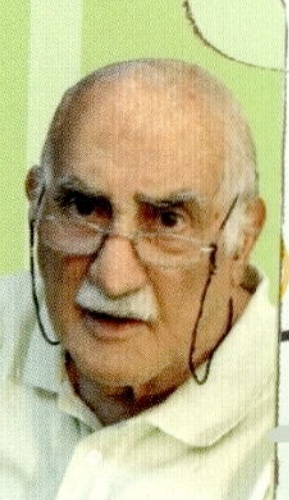

1874 年，库克发明了旅行支票。

The Nile Voyage

THOS. COOK & SON OFFER YOU THE FINEST RIVER STEAMERS IN THE WORLD

Luxurious State-Rooms : Spacious Decks : Private Bath-Rooms
Unrivalled Comfort : Hot and cold running water in every cabin

THREE WEEKS' VOYAGE to LUXOR & ASWAN AND BACK
The S.S. "SUDAN," "ARABIA" & "EGYPT" leave Cairo weekly on Wednesdays from November 7th to March—FARE £70

TWO WEEKS' VOYAGE to LUXOR & ASWAN AND BACK
The S.S. "ROSETTA" & "DAMIETTA" leave Asyut weekly on Saturdays from January 5th to March — FARE £56
(including railway fare from Cairo to Asyut and return).

ONE WEEK'S VOYAGE to ABU-SIMBEL & HALFA AND BACK
The S.S. "THEBES" leaves Aswan (Shellal) weekly on Mondays in connection with both the above services—FARE £30

Apply to:—

THOS. COOK & SON LTD.

CHIEF OFFICE:—
BERKELEY ST., PICCADILLY, LONDON, W.I.

Branches at Cairo, Luxor, Aswan, Alexandria, Port Said, Khartoum and throughout the world.

Egypt 1922

"EGYPT AND THE SUDAN" *will be sent post free on application to:—* Egypt Enquiry Bureau, 3, Regent St., London, S.W.1; Tourist Development Association, Cairo Station, Cairo; or any of the prominent Travel Agencies.

向前冲

库克开始定期组织铁路旅行，并且很快将游客带到了苏格兰。他的组团旅行方式很快在大众中流行起来，1863 年他搬到了伦敦，开始组织旅行者们到类似埃及这样的国家进行异国旅行。1872 年，库克筹划了全程 212 天的环球旅行，旅客只需要花费 270 几尼就能乘轮船环游澳大利亚，坐马车环游非洲，还可以乘船去日本。

世界在你的手中

一票包全程的主意是革命性的创新。库克的打包假日旅行计划让市民阶层也能承受旅行费用，在此之前只有少数富人能够承担得起这样奢侈的旅行。

经济航线于 1966 年由佛莱迪·雷克（1922—2006）推出，让旅行变得更为经济省钱。

理查德·布兰森（1950— ）创办的“维珍银河”公司，将成为首家向公众提供太空旅行的公司。

沃尔特·迪斯尼

将动画带入生活的人

沃尔特·迪斯尼为我们创造了全世界人们热爱的卡通角色，让这个世界变得更为色彩缤纷、神奇快乐。

早年素描

沃尔特·迪斯尼于1901年生于美国芝加哥。从4岁起，他在一个农场生活，渐渐发现自己很喜欢画动物。后来，他获得了艺术类大学的奖学金。大学毕业后，他和动画师朋友乌布·伊沃克斯（1901—1971）创办了一家公司，为连锁电影院做了一部动画短片。不幸的是，公司濒临破产，于是沃尔特和乌布移师好莱坞。

补充说明：

我创造的动画角色"米老鼠"开始时用的名字是"莫蒂默老鼠"，但我夫人觉得这个名字太严肃，就改名为"米老鼠"了。

你知道吗？

沃尔特·迪斯尼曾被奥斯卡奖提名59次，并有22次获奖，比世界上任何人都多。

旋转圆筒，通过一条条缝看过去，能让里面一系列图片看起来好像是连续运动的。

他人对他的影响

威廉·乔治·霍纳（1786—1837）在1834年发明了现代西洋镜，让人们产生错觉，觉得静止画面能运动起来。

首部故事片

1934 年，沃尔特·迪斯尼提出制作一部动画长片《白雪公主和七个小矮人》。好莱坞人都认为这是一个可笑的计划，将成为迪斯尼的笑料。但是，此片拍成后取得了巨大成功并获得了奥斯卡奖。1946 年，迪斯尼又开发了第一部真人与动画合演的电影《南方之歌》。

迪士尼乐园

1955 年，沃尔特·迪斯尼为他创造的角色在美国加利福尼亚建造了一个新的主题公园——“迪士尼乐园”。这个主题公园聚集了他的卡通、电影和电视连续剧中的所有角色，迪士尼乐园很快变成了世界上最受欢迎的旅游胜地之一。

色彩先驱

沃尔特·迪斯尼不是第一个做动画的人，但他是首位在动画片里添加声音和色彩的人。他开创的新电影技术改变了娱乐业，并让笑容绽放在无数观众的脸上。

手翻书的每一页上都有图画，每幅图和上一张都略有不同。

1868 年，约翰·巴尼斯·林尼特发明了手翻书。当快速翻动书页时，画在页面上的图片会让我们的大脑误以为看到了运动的画面。

1892 年，查理·埃米尔·雷诺制作了第一部动画电影，可以放映 15 分钟，包含了 500 幅手绘图片。

列昂纳多·达·芬奇

（1452—1519）

生活在意大利文艺复兴时期的达·芬奇并不满足于仅仅提供给世人一些类似于《蒙娜丽莎》和《最后的晚餐》这样伟大的艺术作品，他还研究解剖学、地质学、引力学、光学以及飞行学。他设计了全球首辆自行车、首架直升机和第一只降落伞。他甚至制作了一个机器人武士！

列昂纳多的思想超越了他所在的时代

奥格斯特·罗丹

（1840—1917）

这位法国雕塑家不惧怕将人类真实的那面展示出来。他的雕塑作品展现了人类的痛苦和脆弱、美好和激情。在他的某些著名作品比如《思想者》和《青铜时代》中，由于表现得过于真实，以至于很多人认为足以以假乱真。

罗丹真实地再现他要刻画的对象，包括他自己。

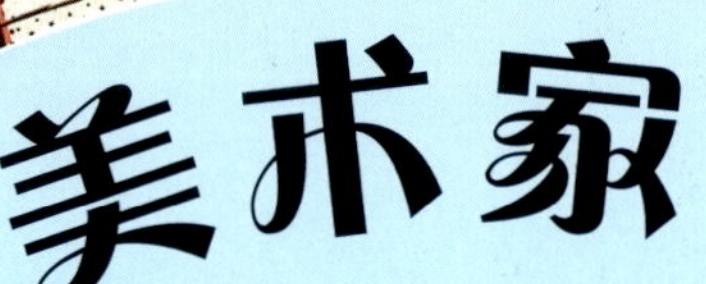

美术家

自从人类落户这颗星球以来，就有艺术家伴随着我们，提供给我们美好的视觉享受。这些艺术家取得了非凡的成绩。

带给世人更多的色彩

文森特·凡·高
(1853—1890)

这位备受折磨的荷兰画家在10年内完成了他所有的作品。他的作品以明亮的色彩和粗犷的笔触著称。虽然他现在被人们作为最伟大的后现代主义画家而膜拜，但当时他的生活却是非常贫困的。

在一次争斗之后，凡·高割掉了自己的一部分耳朵

帕布罗·毕加索
(1881—1973)

西班牙画家毕加索是一位艺术世界的“顽童”。他展现了非常多的不同风格，其中最著名的有“立体主义”——应用多种形状比如三角形、四方形来表现一个主题。不像凡·高那么窘迫，毕加索的作品非常好卖，因此他也非常富有。

弗里达·卡罗
(1907—1954)

卡罗是一名墨西哥画家，她将时髦的“超现实主义”和传统的墨西哥艺术融合起来。在一次车祸中她虽然侥幸生还，却让她之后的日子在病痛的折磨中度过。她开始创作油画表现迷乱的自己。很多作品都是她的自画像，虽然色彩明亮，却反射着她切身的痛苦。

可可·香奈儿

一位引领20世纪时尚且改变了时尚界面貌的女性

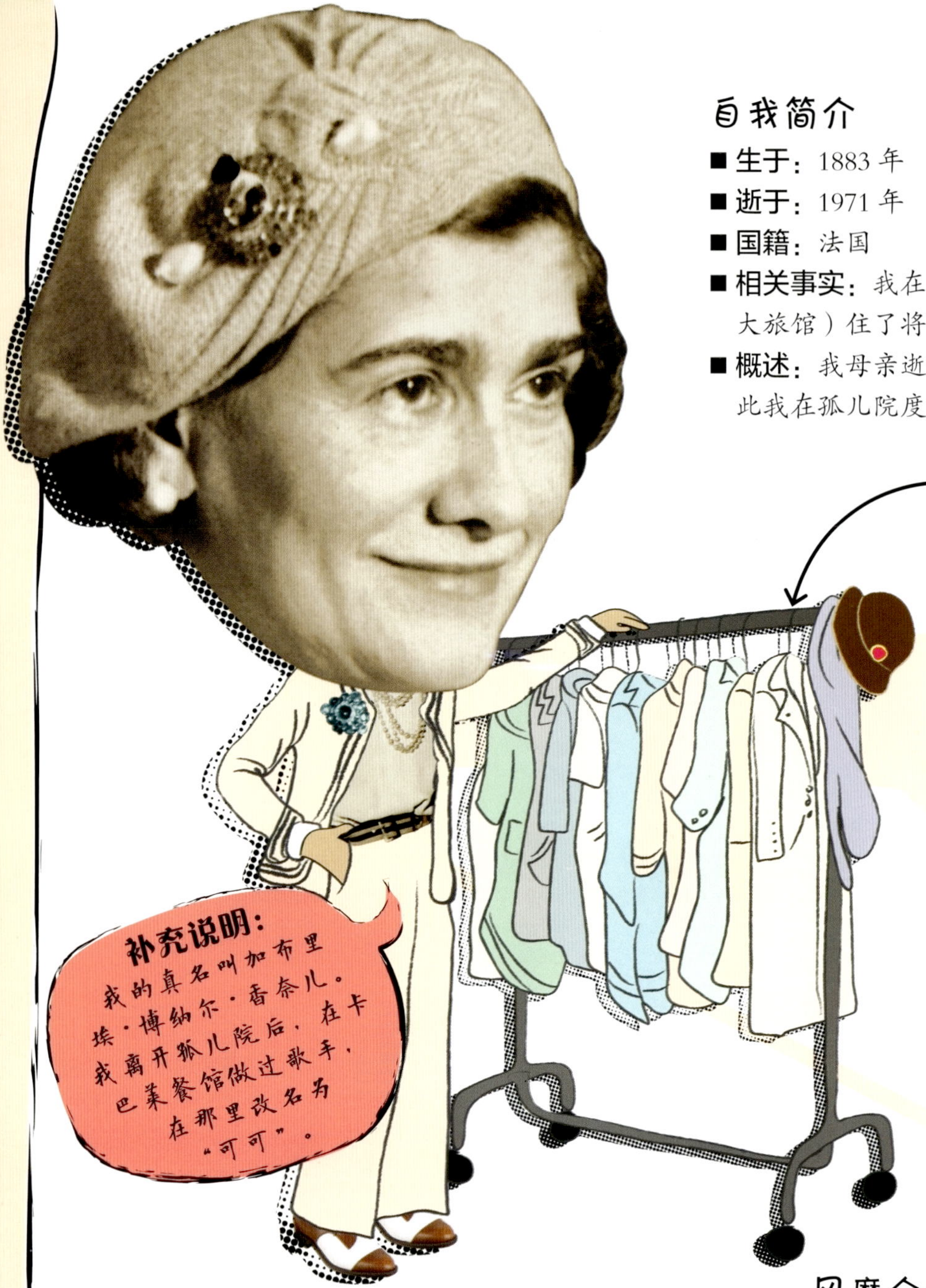
香奈儿的服装是私人定制的，只采用最高级的面料。
补充说明：我的真名叫加布里埃·博纳尔·香奈儿。我离开孤儿院后，在卡巴莱餐馆做过歌手，在那里改名为"可可"。

自我简介

- **生于**：1883年
- **逝于**：1971年
- **国籍**：法国
- **相关事实**：我在里兹大饭店（以豪华著称的瑞士大旅馆）住了将近30年。
- **概述**：我母亲逝于肺结核，我父亲离家出走，因此我在孤儿院度过了6年时光。

创新者

1909年，可可·香奈儿在法国巴黎开了自己的第一家店。最初这家店做帽子生意，但很快就开始出售高档服装、布料和首饰。香奈儿引领的风潮在当时的时尚界相当前卫激进，比如短发、女士裤子、游泳衣还有小黑裙，甚至她因度假而晒伤泛黑的皮肤也成为风尚。

风靡全球

香奈儿的时尚小店成为最容易辨识的热销店铺之一。她最著名的产品是香水"香奈儿5号"，这使她名列世界最有钱的女性之中。即便到了今天，她依然是时尚和高雅的象征，而她的经典设计依然影响着时尚界。

"香奈儿5号"如今依然是世界上最好卖的香水。
N°5
CHANEL
EAU DE PARFUM

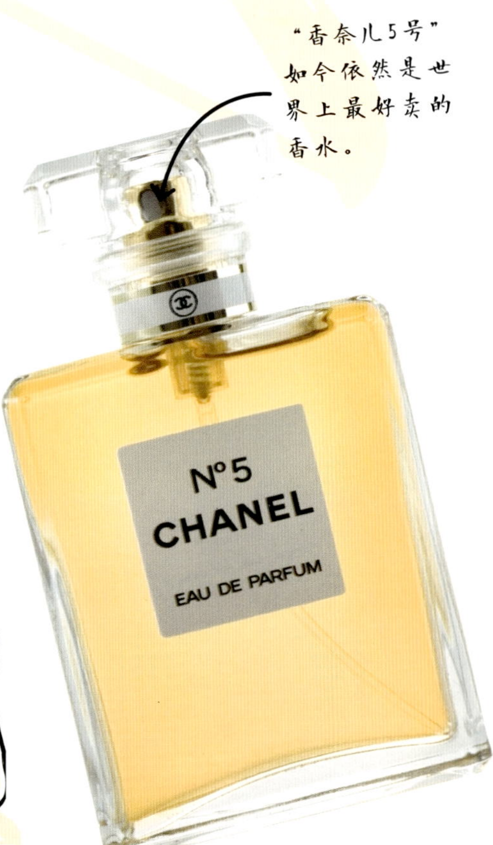

大卫·奥格威

为品牌出谋划策，现代广告业之父

自我简介

- **生于：** 1911 年
- **逝于：** 1999 年
- **国籍：** 英国
- **相关事实：** 我还是一名厨师、农民和间谍。
- **概述：** 早年我曾在苏格兰挨家挨户地推销 Aga 牌厨具。我的巨大改变发生在我为其他 Aga 厨具推销员撰写销售经验手册之后。

补充说明： 我撰写的《一个广告人的自白》，成为广告类最畅销最著名的书籍之一，至今依然畅销。

新方法

一家大的广告公司对奥格威撰写的《Aga 销售手册》印象深刻。于是，这家公司任命奥格威为广告业务经理。他的首次广告成功案例是对一个旅馆的营销。他将印好的明信片送到地方电话簿登记的每户人家手中，这家旅馆天天宾客满棚。

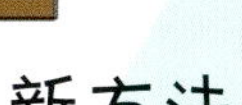

奥格威的《Aga 销售手册》成为速查的经典著作。

品牌口号之王

1948 年，奥格威开始经营自己的广告公司：海维特、奥格威、本森和马瑟。他赢得了众多世界知名品牌的广告竞标。他曾撰写出口号式广告语："当这款劳斯莱斯以每小时 60 英里的速度行驶时，最大的噪音来自车内的电子钟。"这条突出隔音效果的广告语成倍地提高了劳斯莱斯汽车的销量。另一个非常成功的案例是怡泉饮料公司的广告。很快业界所有人都开始学习他的广告模式。

奥尔·科克·克里斯蒂安森

用乐高积木改变了世界

乐高集团的创始人奥尔·科克·克里斯蒂安森的信念是：“只有最好才是足够好。”小小的塑料积木玩具震撼了全球。

开始创业

克里斯蒂安森于 1891 年出生于丹麦菲尔斯考的乡村。中学毕业后，他当了木匠，开始创业。他盖房子、造梯子、做烫衣板。他还制造各种木质玩具，包括火车、汽车和鸭子。1934 年他创立了乐高集团，LEGO 是两个丹麦词“ leg”和“ godt ”的缩写，意为“玩得好”。

补充说明：

1949 年，我就造出了第一款塑料积木，称作自动组装积木，但是直到 1958 年，我的儿子引入了可拼搭镶嵌的凹凸管设计，利用穴柱上下相连，才发明出我们今天所说的乐高积木。

他人对他的影响

世界上第一套木制建筑积木是由德国大教育家弗里德里克·福禄塔尔（1782—1852）于 1840 年造出来的。

美国玩具制造商杰西（1858—1920）和查尔斯·克兰德尔（1833—1905）于 19 世纪 60 年代制造出首批连锁玩具。

拼搭的乐趣

乐高积木是一种塑料拼搭积木玩具。孩子们利用穴柱连锁的、不同形状和颜色的积木任意拼搭，可以创造出成千上万种形形色色的模型来，令人感到其乐无穷。自从乐高公司推出色彩鲜艳的塑料玩具之后，公司对之不断精心改进。1955 年，乐高公司生产出“乐高游戏系列”玩具，突出了乐高积木无限拼砌的可能性。之后他们又推出一个小型的针对更小的手的玩具版本，叫作“乐高得宝系列”。

风靡世界

第一套乐高玩具于 1961 年在美国上市，不久就畅销全球。1977 年，乐高又为稍大些的孩子推出了叫作“乐高科技”的成套积木玩具。今天人们可以买到琳琅满目的成套积木玩具，来拼搭自己所喜爱的各种车辆模型或者电影大片中的人物角色，甚至用于可编程机器人。人们可以随心所欲地玩各种乐高电脑游戏，还可以到主题公园“乐高乐园”去游玩。

培养想象力

乐高积木作为一种益智工具，有益于开发儿童智力，激发他们的想象力和动手能力，在玩具界独一无二，至今仍然是全球最流行的玩具之一。在 60 年内，该公司制造出了令人惊叹的 4 000 亿块乐高积木，全世界平均每人 62 块。

每年销售的乐高积木如果排成行，能绕地球 5 圈。

1882 年，德国的弗里德里希·里希特（1847—1910）首推锚式积木。

瑞典的伊瓦兄弟于 1908 年建立了 BRIO 玩具公司，生产木制轨道火车列车玩具。

音乐家

用想象力创造音乐

作曲家能将一连串的旋律注入音乐，它们那么有力地激荡着人们的心灵。让我们来看看这些著名的音乐魔法师。

约翰·塞巴斯蒂安·巴赫

（1685—1750）

童年时的巴赫有一副漂亮的高音嗓子。这位德国青年决定成为一名伟大的传世作曲家，他的确做到了，他的作品至今依然为人称颂，而且他还是著名的风琴演奏家。他的天赋在去世后百年间才逐渐被人认知。

沃尔夫冈·阿玛多伊斯·莫扎特

（1756—1791）

这位少年得志的奥地利人，在年仅5岁的时候就开始了他的作曲生涯。他6岁时就开始了欧洲巡演，14岁时创作了自己的第一部歌剧。

彼得·伊里奇·柴可夫斯基

(1840—1893)

这位俄罗斯历史上最著名的音乐家在5岁时就开始了钢琴训练。到8岁时，他的识谱能力已经超过了他的父亲。他创作的芭蕾舞剧《胡桃夹子》是人们冬季假日里最喜欢的节目，《天鹅湖》则流行至今。

阿里·阿卡巴·汗

(1922—2009)

这位印度音乐家认为吉他的六根弦太简单，所以他演奏了印度版的吉他——沙罗琴，沙罗琴有25根弦！他曾经是印度王公的私人乐师，因让世界认识到印度音乐而知名。

不像吉他，沙罗琴有可移动的琴格。

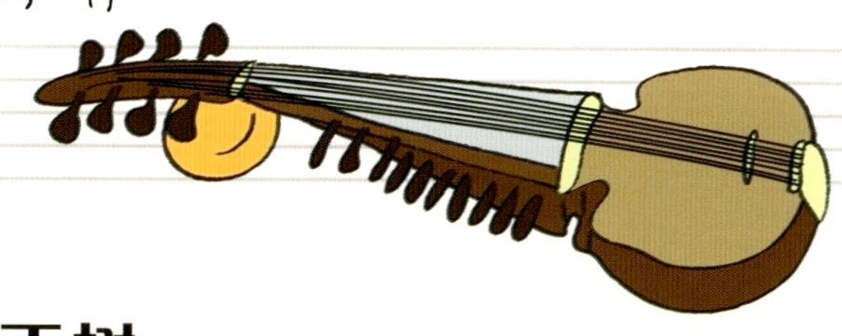

小林正树

(1930—1996)

小林正树是自学成才的日本作曲家，他将爵士音乐、流行音乐、西方古典音乐和东方音乐融合在了一起。他一生创作了超过90部日本电影，但是他被世界尤其是西方世界所更为熟知是因他的古典音乐作曲家身份。

埃尔维斯·普雷斯利

摇滚乐之王

埃尔维斯·普雷斯利是著名的歌手、电影明星和文化偶像。他的身影在许多影片中出现过，他的唱片发行量达到一亿张以上，这就是粉丝们奉其为“猫王”的原因。

年轻的摇滚者

1935 年 1 月 8 日，埃尔维斯·亚伦·普雷斯利出生在美国密西西比州图珀洛市，他在还是个小男孩时就参加过一次歌唱比赛，仅获得第五名。在十岁生日时，他获得的一件生日礼物是一把吉他，事实上他当时真正想要的是一辆自行车。后来，他把吉他带到了学校，在午餐时间里开始了他的弹唱生涯。

一个新声音

1954 年，他的第一首歌《好吧》问世了。因为听众太喜爱这首歌，导致一家电台的音乐节目主持人反反复复地播放了整整两个小时。他那独一无二的嗓音融合了传统布鲁斯和摇滚的舞曲风格令众人耳目一新。到 1977 年逝世前，他已经累计售出 6 亿张唱片。

他对他人的影响

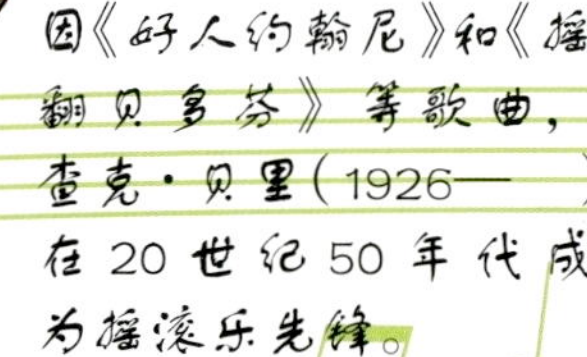

因《好人约翰尼》和《摇翻贝多芬》等歌曲，查克·贝里（1926— ）在 20 世纪 50 年代成为摇滚乐先锋。

嗯-哼-哈哈，是的妈妈。

ELVIS PRESLEY

G.I. BLUES

HAL WALLIS JULIET PROWSE TECHNICOLOR

银幕上的军绿色

1956 年，埃尔维斯频繁出现在收音机、电视和电影中。1957 年他成为美国军队的一员，复员后参演的第一部电影叫作《参军蓝调》。他先后出演了三十三部电影，并在电视节目和歌曲榜上不断打破纪录。

补充说明：
我的旋转舞步让我获得了“猫王”的称号。这种舞步被电视和摄影机弄得有些夸张，突出地呈现了我翘臀的部分！

流行音乐的顶峰

埃尔维斯可能是对美国流行音乐影响最大的一名艺人。他的音乐为黑人音乐家进入流行音乐界铺平了道路。无数乐迷参观了他在美国孟菲斯的故居“优雅园”。

20 世纪 60 年代，披头士乐队对猫王埃尔维斯·普雷斯利和查克·贝里的音乐进行了崭新的诠释，在西方流行音乐界形成了自己的风潮。

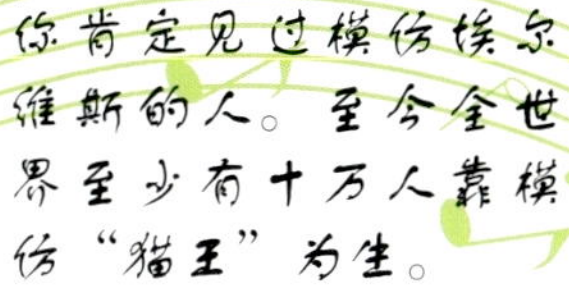

你肯定见过模仿埃尔维斯的人。至今全世界至少有十万人靠模仿“猫王”为生。

词汇表（按英文原版书顺序排列）

Antibiotic 抗生素
用来杀灭或抑制细菌和其他微生物生长繁殖的药物。

Antiseptic 防腐剂
抑制物质腐败的药剂，主要作用是抑制微生物的生长和繁殖。

Apartheid 种族隔离
特指南非政府1948年至1994年间实行的种族隔离制度。

Archaeology 考古学
通过发掘和调查古代遗迹、遗物和文献进行历史研究的一门人文科学。

Astronomy 天文学
是研究太空、星球及宇宙状况的一门学科。

Bacteria 细菌
是一类单细胞的微生物，其中有些会致病。

Binary Code 二进制码
只采用0和1这两个数码来代表数字、字母和字符的代码系统。

Bolsheviks 布尔什维克
俄罗斯社会民主工党中的一个派系，到1918年之后变为俄罗斯共产党。

Browser 浏览器
一种计算机程序，让人们在不同网址和网页上搜寻、阅览和运行。

Chemistry 化学
研究物质的组成、结构、性质和物质之间变化规律的科学。

Civil Rights 公民权利
公民在社会上和政治上的平等权利。

Cold War 冷战
在1946年至1991年这一历史时期中，以苏联为主的社会主义国家和以美国为主的资本主义国家两个阵营之间相互遏制却又不诉诸武力的斗争。

Colony 殖民地
在政治等方面被另一国家控制的国家或地区，通常被宗主国的移民所掌控。

Communism 共产主义
一种政治信仰和思想体系，主张国家控制的公有制经济。

Constitution 宪法
国家的根本大法，确定政府的政治准则的一系列法律和法规。

Democracy 民主政体
由人民选举产生的政府。

Element 元素
化学元素的简称，它们只由一种具有相同核电荷数的原子组成。它们构成物质，并不能被其他物质化学分解。

Empire 帝国
常为在单一的政治或军事统治下的几个国家的集团，是拥有极大国际影响力的强大国家的通称。

Enlightenment (Buddhism) 开悟（佛教术语）
佛教修行者所达到的一种精神境界，处于此状态的人摆脱了轮回的循环。

Entrepreneur 企业家
冒着金融风险经营企业的人。

Evolution 进化论
关于物种经世代长期生存适应其环境的理论。

Fossil 化石
存留在岩石中的古生物的遗体或遗迹。

Genetics 遗传学
生物学的一个分支，探索遗传及变异规律的科学。

Heresy 异端邪说
所持观点与教会宣传的教义相悖。

Martyr 殉教者
因拒绝放弃其宗教信仰而被杀害的人。

Mecca 麦加
此城现在位于沙特阿拉伯，是伊斯兰教的圣地。

Microchip 芯片（微型集成电路片）
电子计算机的部件之一，用来完成一系列的电子功能。

Morality 道德
人们共同生活及其行为的规范，判断是非的准则。

Patent 专利权
由发明者或公司持有的专有权利，用于某一发明或特定的工艺流程。

Physics 物理学
是一门注重于研究物质和能量的自然科学。

Psychology 心理学
研究人大脑思维及其如何影响人的行为的科学。

Renaissance 文艺复兴时期
是十四世纪至十六世纪在欧洲发生的思想文化运动，当时人们对于艺术和科学产生极大的兴趣。

Revolution 革命
通常指用暴力推翻一个政府或政体。

Saint 圣人
由教会确认的具有高尚品德的人。

Server 服务器
管理资源并对用户提供服务的计算机或计算机软件，可对网络连接的其他计算机提供服务。

Suffrage 选举权
在政治选举中的投票权。

Vaccination 疫苗接种
为防止患病而采用的一种预防性的方法。

World Wide Web 万维网
是一个广泛传播于互联网上的互相链接的超文本组成的系统，通过互联网访问。

致谢

DK WOULD LIKE TO THANK:

Ed Merritt for creating maps. Liz Moore for additional picture research. Jackie Brind for the index and Carron Brown for proofreading. All the people at the LEGO Group and Sarah Harland at DK for their help with the "Ole Kirk Kristiansen" spread, and Professor Denise Cush for her insightful comments relating to the "Religious leaders" spread.

THE PUBLISHER WOULD LIKE TO THANK THE FOLLOWING FOR THEIR KIND PERMISSION TO REPRODUCE THEIR PHOTOGRAPHS:

Key: a-above; b-below/bottom; c-centre; f-far; l-left; r-right; t-top

akg-images: 32tr; Alamy Images: Ancient Art & Architecture Collection Ltd / Kadokawa 89bc; Archive Pics 49tr, 51cla; Art Directors & TRIP 60br; The Art Gallery Collection 18br, 72fbl, 84-85b; Pat Behnke 119tr; Matthew Chattle 118cr; GL Archive 87cl; Tim Graham 64tr, 64cl; Interfoto 82clb, 93br, 118bl; James Osmond Photography 82bl; Jeff Morgan 13 117br; Michael Jenner 82br; Mark LaMoyne 117fcl; Lebrecht Music and Arts Photo Library 17bl, 72br; Lordprice Collection 58bl; Mary Evans Picture Library 59tl, 65cr, 83br, 86br, 91c; Moviestore Collection Ltd. / Disney SSNW 010FOH 113tc; Nitschkefoto 118clb, 118cb, 118fcr, 119clb; North Wind Picture Archives 33cr, 33bc, 82tr, 83bl, 90tr, 92bl; Christine Osborne / World Religions Photo Library 71br; Photo Researchers 19bc; Photos 12 / Oasis 97bl; Pictorial Press Ltd 52br, 121cr; Maurice Savage 119crb; Robert Stainforth 83cra; Stella / Imagebroker 119cl; stu49 53bl; Gary Woods 117c (oven); World History Archive 13crb, 36cra, 37cr, 85tl, 85clb. The Art Archive: 46ca; Biblioteca Nazionale Marciana Venice / Gianni Dagli Orti 84cl; Bibliothèque Nationale Paris 89cl. Atticpaper.com: 118br. benidormytu.com: 110br. The Bridgeman Art Library: Galleria degli Uffizi, Florence, Italy 114tl; Mentz, Albrecht (15th century) (after) / Bibliotheque Nationale, Paris, France 33c; Museo Archeologico Nazionale, Naples, Italy / Giraudon 80cr; Private Collection 28cra, 97cl; Private Collection / Look and Learn 34c; Private Collection / The Stapleton Collection 67tc; The Stapleton Collection 86c; Private Collection / Ken Welsh 81cb. CERN : 54tr. Corbis: 3, 17tl, 21cl, 35cra, 59br, 103bl; Henny Ray Abrams / Reuters 111br; Albright-Knox Art Gallery 115br; Bettmann 12cl, 19tl, 21tl, 21cr, 22cra, 24cl, 25tl, 38tr, 48bl (orville), 48bl (wilbur), 48br, 49tl, 49tc, 58br, 63clb, 63fcla (freud), 73bc, 76clb, 82-83c, 98br, 99tr, 99bl, 99br, 109cl; Stefano Bianchetti 61cr, 85cra; Car Culture 50tr, 50c, 50ftr, 50-51c, 51tl, 51tl (convertible), 51tc, 51ftl; China Photos / Reuters 102br; Dean Conger 89br; Alfredo Dagli Orti / The Art Archive 91br; Pascal Deloche / Godong 70br; DLILLC 77tr; EPA / Everett Kennedy Brown 75cl; The Gallery Collection 20br, 88cra; Lynn Goldsmith 122bc; Heritage Images 19tr; Heritage Images / Ann Ronan Picture Library 108c; Yves Herman / Reuters 43tr; Hulton-Deutsch Collection 72-73cb; Jon Hursa / EPA 105cla; Kim Kulish 55tl; Lebrecht Authors / Lebrecht Music & Arts 109tr; Lebrecht Music & Arts 98cl; Lester Lefkowitz 43bc; Barry Lewis / In Pictures 88tr; Library of Congress - digital version / Science Faction 48cl;
John Marian / Transtock 117cl; Michael Ochs Archives 122cla, 123cla, 123bl; Newton / PoodlesRock 15tl; Michael Nicholson 62br, 95bl; Richard T. Nowitz 123br; Ocean 25br; PoodlesRock 85bl; The Print Collector 99tl; Reuters / Apichart Weerawong 75tr; Reuters / Paul Yeung 102tl; Flip Schulke 69cl; Stapleton Collection 58cr; Jim Sugar 111bl; Sunset Boulevard 122crb; Swim Ink 62tl; Swim Ink 2, LLC 95cr; Frank Trapper 104br; David Turnley 104clb; Peter Turnley 103tr; Penny Tweedie 77cl; Underwood & Underwood 73tr, 116tl; Ivan Vdovin / JAI 91bl; Kimberly White / Reuters 52c; Adrianna Williams 53cl (iphone). Dorling Kindersley: The British Museum 88c, 88crb, 88fcrb, 89fcl; The Science Museum 52bl; The Science Museum, London 35c, 36br (voltaic pile), 41c, 46cb. Dreamstime.com: 74tl, 74tc, 74c; Petrisor Adrian 76bl, 76fbr, 77fbr; Alohashaka82 29c, 29bl, 29fcrb; Andrey Armyagov 76cr (clothing); Badlatitude 66cr;Gary Bass 112bl; Raynald Bélanger 66-67b, 67cb; William Berry 47cl (popcorn); Cammeraydave 74cr (wood); Gino Crescoli 11crb; Deckard73 117c (book); Dedmazay 125fcra; Evgeny Dubinchuk 14cb; Henri Faure 74cr (chair); Michael Flippo 68cr (3rd mic); Frenta 70-71; Martin Haas 68cr (2nd mic); I3alda 27cr; Joingate 46tc, 46cla, 46c (background), 46ftl; Ke77kz 89crb; Sabri Deniz Kizil 10fbl; Jacques Kloppers 75crb (sandals); Konstanttin 96-97c (scroll); Jakub Kostal 76cr (camera); Krakus324 66-67 (arrows); Connie Larsen 112cb; Olga Lyubkin 14cl (apple); Olira 117clb; Mohamed Osama 68cr (wood); Riccardo Perrone 96-97c (map); Ragnarock 29cra; Rambleon 101c; Rceeh 68cr (4th mic); Relato 68bl; Samy .g 75tl, 75bc, 75br; Sjgh 47tc, 47tr, 47cra, 47c; Sofiaworld 75cr (pattern); Jeremy Swinborne 47cl (tv); Maciej Szubert 67tl; Milos Tasic 14cl (chair); Christophe Testi 112cr (pencil); Timurock 116c (background), 116bl, 116bc; Andrzej Tokarski 29fcr; Gianni Tonazzini 113cl; Yael Weiss 27bl (magnifying glass); Kevin Woodrow 29cr; Yarmalade 100bl, 101bl, 101br; Yinghua 100crb; Zabiamdeve 113crb; Zash 26cb. Flickr: 7E55E-BRN 53tc. Fotolia: 3d world
86c (frame), 87tr (frame), 87br (frame); Algol 90fcr; Alperium 8crb; Apops 33clb; Auris 24cra; Beboy 23bl; Bloomua 52c (tablet); Franck Boston 55cra; Gregor Buir 52-53b (background); Derya Celik 80tl; HD Connelly 4-5 (light bulb), 30-31, 38tc (bulb), 41tc, 41tr, 41c (background), 41ftl; Danussa 61cl (fish), 61clb; Designer_Andrea 100-101c; Devilpup 36br (hands); Jamalludin din 8clb (kites); Lev Dolgatsjov 63fcla; Electriceye 123tl; Emily2k 38tl; Enens 62cl; Extezy 108bl; Fakegraphic 4-5 (ship); Igor Fjodorov 39cl; Paul Fleet 23tr, 37br; Google 65clb; Kheng Guan Toh 45bl; Hallgerd 111tl; Heywoody 93cl; Hfng 102cl, 102fcl; Adrian Hillman 104-105b; iNNOCENt 63br (cat); Irochka 61tl (scroll); Kalim 18cl (frame); Kayros Studio 63b (sofa); Andrey Kiselev 36br (body); Kjolak 80cla; Klipart.pl 45cl; Georgios Kollidas 123crb; Dariusz Kopestynski 9cr; Ralf Kraft 8cr; LaCatrina 52-53c (button); Paul Laroque 22bl, 43c; Lazypit 112t, 113t; Leks_052 82cr; Leremy 124bl; Lineartestpilot 44cr; Luminis 49bl; Magann 91cr; Anatoly Maslennikov 63cla, 63ca; Mircea Maties 81cra; Bram J. Meijer 8cb (fireworks); Mipan 22clb, 34ftr, 110crb, 111c; Alexandr Mitiuc 23br; MM 32cr; Igor Nazarenko 98tl; Ooz 4-5 (brain), 23cb, 56-57; Patrimonio Designs 44bl; Andrejs Pidjass 80cra (arm), 80c (arm); Regisser.com 32fcr; Rixx 108c (frame), 108br (frame), 109tr (frame), 109cl (frame), 109br (frame); Rolffimages 92tr; Sabphoto 37fcrb; Sellingpix 85clb (grass); Silavsale 68cr (podium); Alexander Spegalskiy
90crb; StarJumper 22-23t; Statsenko 22br; Sandra van der Steen 13fcla, 60cr (hand); James Steidl 99cl; Studiogriffon.com 82-83b; Stephen Sweet 49br; John Takai 61tl (whale), 81fcrb; Tombaky 25c (background); Tomislav 68cr (1st mic); Valdis Torms 25clb, 38tc (pin), 38clb, 39cb, 39ftr, Tomasz Trojanowski 53cl (body); Unpict 12fcra, 13cla; Pavlo Vakhrushev 8cb; Rui Vale de Sousa 52cr; Sergey Vasiliev 37cb (hand); Vege 98tr; Vlorzor 33cl; Slavcho Vradjev 8bc; VRD 8clb, wenani 98-99b; Bertold Werkmann 86br (frame), 87cl (frame). fotoLibra : Ime Udoma Ufot 45tl. Getty Images: AFP 69tr; AFP Photo / Walter Dhladhla 100br; Apic / Hulton Archive 17br, 23tl, 24tr, 60clb, 65bl, 97tr, 104c, 120cl; Archive Photos 116cl (blouse); Archive Photos / Stringer 80bc; Erich Auerbach / Hulton Archive 121clb; Bachrach / Archive Photos 45cr; Mathew Brady / Archive Photos 68br; The Bridgeman Art Library / After Nicholas de Largilliere 108br; The Bridgeman Art Library / Antoine Jean Gros 96cl; The Bridgeman Art Library / French School 90cl; The Bridgeman Art Library / Gaston Melingue 20cl; The Bridgeman Art Library / Vincent van Gogh 115tr; Central Press / Hulton Archive 26cra; China Span / Keren Su 58cra; Don Cravens / Time & Life Pictures 69bl; G. Dagli Orti / De Agostini 91tr; DEA / Veneranda Biblioteca Ambrosiana 84bl; Walter Dhladhla / AFP 105tr; Digital Vision 15bc; Digital Vision / Alexander Hassenstein 13clb; Emmanuel Dunand / AFP 101fbr; Evening Standard / Hulton Archive 67br; Express 26ca; Silvio Fiore 8tr; Flickr / Roevin 90bl; Fotosearch 38bl; Bill Hogan / Chicago Tribune / MCT 116br; Hulton Archive 11br, 12br, 16br, 18cl (ship), 19bl, 26bl, 42br, 44br, 47tl, 61br, 66br, 67bl, 81bc, 81br, 92cl, 92cr, 96bc; Hulton Archive / Archive Photos
1bl, 10fbr, 10-11, 41tl, 112cr (body); Imagno 80br; Imagno / Hulton Archive 11bc, 14br, 96cr; Kean Collection 96cra; Kean Collection / Hulton Archive 61bl; Keystone Features / Hulton Archive 13bl; Keystone-France / Gamma-Keystone 72-73ca; Alvin Langdon Coburn / George Eastman House / Archive Photos 76br; Leemage / Universal Images Group 92br; Frederic Lewis 39bl; David Livingston 53tl; Francois Lochon / Gamma-Rapho 64br; Lonely Planet Images / Anders Blomqvist 70cl; Steve McAlister 32cl; Michael Ochs Archives 68tr; MIXA 40cr, 112cr (legs); Museum of the City of New York / Byron Collection 41bl; National Geographic / Michael Poliza 76crb; New York Daily News Archive 101tr; OFF / AFP 68cr (body);
OJO Images 47cl (trousers); Photographer's Choice / Ian McKinnell 15c (planets); Photographer's Choice / Peter Dazeley 27bl (dna); PhotoQuest 51tr; Photosindia 64cr; Popperfoto 14cla, 67cr, 112tr; Andreas Rentz 54cl; Science Faction / Library of Congress 39tr; J. Shearer / WireImage 76tr; Howard Sochurek / Time & Life Pictures 58cl; SSPL 12clb, 14bc, 34bc, 35bl, 40c, 43tl, 44cl, 47cr, 53br, 112br, 113br; SSPL / Hulton Archive 47bl; Stock Montage 46tr, 74tr, 93bl; Stock Montage / Archive Photos 1cb, 11cl; Stone / Microzoa 74cr (body); Justin Sullivan 52tr; SuperStock 93tl, 93cra, 99cla, 120crb; Bob Thomas / Popperfoto 10bc; Time & Life Pictures / Howard Sochurek 100bc; Time & Life Pictures / Loomis Dean 67cl; Time & Life Pictures / Mansell 13br, 40bl, 69bc, 100cr; Time & Life Pictures / Neil Selkirk 77br; Time & Life Pictures / Stan Wayman 68clb; Time & Life Pictures / Wallace Kirkland 100tr; Tom Stoddart Archive / Hulton Archive 101bc; Universal History Archive / Hulton Archive 1cb (head), 10br, 11tl, 12cr, 13tl, 14cl (body), 15clb, 24br, 26cr, 40tr, 42cl, 42crb, 46cr, 53tr, 60bl, 66clb, 67fcla, 87br, 96br, 97br; Universal Images Group / Leemage 84bc, 85br. NASA and The Hubble Heritage Team (AURA/STScl): 15br. The Kobal Collection: Paramount 123tr. Mary Evans Picture Library: 65cl. The Natural History Museum, London: 28bl. The Nobel Foundation: 42bl. Press Association Images: Polfoto 118tr. Rex Features: Everett Collection 117tl. Peter Sanders:
71tl. Photo Scala, Florence: White Images 88bc. Science Photo Library: 32br; Des Bartlett 29tr; John Reader 29clb; Science Source 27tc; Paul D. Stewart 28cl; Barbara Strnadova 29ca; Sheila Terry 34tr. SuperStock: 11tr; Bridgeman Art Library 115cl; Fotosearch 86br. Thomas Cook Archives: 110cl,
111tr. TopFoto.co.uk: 73c, 111cla; AP 105br; UPP 110bl. U.S.F.W.S: 77bc. Wikipedia: 12bl, 16bl, 18bl, 26bc, 48c, 50bl, 50br, 51br, 59bl, 72bl, 73bl, 87tr, 88br, 97crb, 104bl, 105bl, 109br, 121tl; Thenobleageofsteam 119bl.

JACKET CREDITS

FRONT: Alamy Images: Archive Pics bc (ford). Corbis: Bettmann fcra, ftr (orville), ftr (wilbur),
ca; Car Culture bc (car); The Gallery Collection fcla; Heritage Images / Ann Ronan Picture Library fclb; Jon Hursa / EPA cra; Robbie Jack fbl; Barry Lewis / In Pictures fcla (helmet). Dorling Kindersley: The British Museum fcl (boots), fcl (knife). Getty Images: Apic / Hulton Archive br; Imagno / Hulton Archive
bc (catherine); Time & Life Pictures / Wallace Kirkland tc. BACK: Corbis: Shift Foto fcla.
Fotolia: Auris cr (flask). Getty Images: Apic / Hulton Archive cr; Central Press / Hulton Archive ftr; Hulton Archive br; Hulton Archive / Imagno
tl; Keystone-France / Gamma-Keystone clb; Photodisc / ICHIRO fcl; Stone / Yann Layma cl; Universal History Archive / Hulton Archive tr. SPINE: Getty Images: Apic / Hulton Archive t. ENDPAPERS: Fotolia: HD Connelly (light bulb); Fakegraphic (ship); Ooz (brain).